JN438657

빈 자리

빈 자리

강호형 수필집

수필과비평사

■ 책머리에

2006년, 졸저 ≪붕어빵과 잉어빵≫을 내놓을 때는 이것이 내 생애 마지막 수필집이라고 생각했었다.

10년이 지나는 동안, 다만 청탁이 고마워서 여기저기 써 보낸 졸문들이 꽤 모였다. 아무리 봐도 성에 차지 않는 졸작들이지만 그냥 버리자니 자식을 유기하는 것 같아 마음이 쓰였다.

이삭을 줍듯 주워 모으면서 더러는 매정하게 버리기도 했건만 내놓기가 민망하기는 마찬가지다. 부끄러운 심정 헤아려주시기 바란다.

2016년 월

강 호 형

| 차례 |

1_부 도강록渡江錄

2_부　빈 자리

3_부 중간 마을

4_부 웃으면서 화내기

도강록渡江錄

이별여행

기우

도설록

죽 먹는 호랑이

잊히지 않으려고

음과 양

첫눈

거룩한 손

폭력

봄

도강록渡江錄

몇 해 전, 대만 여행 중에 들른 야외 온천욕장 한편에 널찍한 수영장이 있었다. 그날따라 손님이라고는 우리 일행 10여 명 뿐이라, 한강 가에서 자라면서 익힌 수영 실력만 믿고 자랑삼아 뛰어들었는데 팔다리가 말을 듣지 않고 제멋대로 놀았다. 체면만 구기고 나와 벤치에 앉아 헤아려보니 수영을 해본 기억이 까마득했다.

나는 몇 번 물에 빠져 죽을 고비를 넘긴 일이 있다. 동네 웅덩이에서 겨우 개헤엄을 익혀가던 열 살 전후였을 것이다. 내 몸뚱이가 물에 뜨는 것이 신기하고 그렇게 할 수 있는 내가 스스로 대견해서 여름방학 내내 아침밥만 먹으면 아이들이 미역 감는 웅덩이로 달려 나가곤 했다.

밤새 장대비가 내린 어느 날 아침, 그 날도 숟가락을 놓기가 무섭게 달려가 보니 아이들은 아직 하나도 안 나오고, 밤새 불어난 북정물만 빙빙 소용돌이치고 있었다. 대뜸 옷을 벗어 던지고, 하룻강아지가 범에게 덤비듯 물속으로 뛰어들었다. 그런데 이게 웬 일인가, 물의 감촉부터 평소와 달리 싸늘하다 싶더니, 내 딴에는 열심히 헤엄을 치는데도 몸이 소용돌이를 벗어나지 못하고 제자리를 맴돌고 있는 것이다.

배가 맹꽁이처럼 부풀도록 물을 먹어가며 죽을힘을 다한 끝에 맞은편 둑에 간신히 턱을 걸치고는 한 동안 기절했다가 깨어나 목숨을 건졌던 것이다.

그렇게 몇 해가 지나 6학년이 되었을 때 6,25전쟁이 났다. 가을에 서울은 수복이 됐지만 전쟁은 계속되고 있었다. 다음 해에 나는 초등학교를 졸업하고 우리나라 최초의 중학교 입학 연합고사에서 좋은 점수를 받고도 전쟁 통에 엄마를 잃는 등 집안 형편이 급격히 나빠져서 진학을 포기할 수밖에 없었다. 어떻게든 서울에 가기만 하면 고학이라도 할 수가 있을 것 같았지만 강을 건널 방법이 없었다. 한강 이북으로 가려면 관할 행정기관에서 발행하는 도강증(渡江證)이라는 것이 있어야 할 때였던 것이다. 학생은 학생증만으로 도강이 허락됐지만 나는 중학교 진학을 못했기 때문에 학생증도 없었다.

하릴없이 농사일을 도우며 한 해를 보내다가, 얼마간의 돈만 있으면 밀 도강을 할 수 있다는 소문을 듣고 동생까지 데리고 수리조합 공사장 일을 하는 등 돈을 벌었다. 그렇게 모은 돈을 다 바치고 군용트럭의 솔가지단 속에 숨어 양수리 다리를 건너고 나서 생각하니 그 동안 놀이 삼아 수영으로도 건느던 강을 돈을 주고 건넌 것이 여간 억울하지 않았다. 어쨌든 그렇게라도 강을 건넌 것이 내 인생 행로의 갈림길이 된 것 만은 분명하지만, 밀 도강까지 해가며 멋모르고 뛰어든 세파가 장마 물살보다 사나웠다.

그러구러 사는 동안 나도 아비가 되었다. 두 아이가 아직 초등학생이던 어느 해 여름, 한강에 데리고 가서 물놀이를 하는데 부슬비가 내렸다. 사람들이 모두 모래사장으로 나오고 나도 천막으로 들어와 앉으려는 순간 누군가 다급하게 외치는 소리가 들렸다.

"아이가 물에 빠졌어요!"

머릿속에 번개치듯 떠오르는 것이 있어 돌아보니 아니나 다를까, 사람 하나 없는 물 한가운데서 딸아이 혼자 허우적거리고 있었다. 용수철 튀듯 뛰어 들어 아이의 팔뚝을 잡아끌고, 까마득해 보이는 모래사장을 향해 헤엄을 치려니 다급하게 뛰어드는 동안에 체력이 이미 소진되어 몸뚱이가 자꾸 가라앉았다. 몇 번이고 탐방구리를 하다가 발이 강바닥에 닿으면 차고 올라 아이의 머리를 물 밖으로 떠받치는 사투를 벌이고 있을 때, 마침 지나가던 나룻배가 다가와 구조해 주는 바람에 목숨을 건졌다. 그 사고 이후로는 수영을 한 기억이 별로 없는데 아이가 벌써 40대가 됐으니…

문득 2000년 시드니 올림픽에서 화제를 모았던 수영선수가 생각났다.

시드니 아쿠아틱 센터에서 수영 자유형 100m 경기가 벌어지고 있었다. 조별 예선 마지막 경기에는 세 명이 출전했는데 두 명의 선수가 부정출발로 실격되는 바람에 흑인 선수 혼자 레이스를 펼치게 되었다. 아프리카의 '적도기니'라는 나라에서 온 에릭 무삼바니 선수라고 했다. 적도 기니는 인구가 50만 명에 불과한 작은 나라로 수영장이라고는 호텔에 딸린, 길이 20m규모의 레저용 풀 두 곳이 전부라, 국제규격을 갖춘 50m 정규 레인에는 들어가 본 적도 없는 선수지만, 국제수영연맹의 수영 보급을 위한 특별 초청으로 참가하게 됐다고 했다.

1만 5천여 관중이 지켜보는 가운데 출발 신호가 울리고 무삼바니가 힘차게 물속으로 뛰어들었다. 좀 느리기는 해도 그런대로 무난히 반환점을 도는가 싶더니 체력이 급격히 떨어지면서, 이제는 수영을 하는 것이 아니라 물에 빠져 탈진한 사람처럼 허우적거리고 있었다. 손에 땀을 쥐고 지켜보던 관중들이 일제히 일어나 박수와 함성으로 응원을 보내기 시작했다. 경기장이 떠나갈 듯한 응원 속에 초죽음이 되어 경기를 마치고 간신히 정신을 차린 무삼바니는 기자들에게 이렇게 말했다.

"다른 선수들은 메달을 따려고 물살을 갈랐지만 나는 빠져 죽지 않으려고 필사적으로 헤엄쳤습니다."

영점 몇 초를 다투는 경기에서 그의 기록은 1분 52초대로

이 대회 우승자의 기록 48초대의 두 배를 훨씬 넘었지만 관중들은 그를 시드니의 영웅으로 치켜세웠었다.

밀 도강으로 거친 세파에 뛰어든 이래 세월이 많이도 흘렀다. 그러고 보니 나도 물살 거센 그 세월의 강을 오로지 빠져죽지 않으려고 허우적대며 건너온 것만 같아. 내가 아직 살아 여행을 하고 있다는 사실이 새삼 감격스러웠다.

이별 여행

50대의 두 여자와 60대의 두 남자가 이별 여행을 한 이야기다.

내가 수필가 행세를 시작한 50대부터 알게 된 문우들 중에 자주 모이는 다섯 사람이 있었다. 처음 만날 때만 해도 세 남자는 50대, 두 여류는 동갑내기 40대였다. 특별히 그럴만한 인연이 있는 것도 아니고, 흔한 동인활동 같은 것을 하자는 것도 아니면서 어쩌다 그리 되었는지는 나도 모르겠다. 어쨌든 이런 구실 저런 핑계로 모여 먹고 마시며 희희낙락하다가 노래방으로까지 진출하여 목이 쉬도록 악을 쓰기도 했다.

두 여류로 말하면, 세 남자 중에서는 막내인 나보다도 나이가 10년이나 젊은데다가 재색을 겸비한 수필계의 명사들이라 그렇게 스스럼없이 어울려주는 것이 여간 고맙지 않았다. 따지고 보면 내게 4~5년 연상인 두 선배가 워낙 수필계의 '수양산' 같은 분들인지라 나는 관동 팔백 리를 덮는다는 그 그늘에 운수 좋게 발을 들여놓은 셈인데, 언제나 두 여류가 더 적극적으로 모임을 주선했다. 며칠날 몇 시까지 어디로 나오라고 해서 나가보면 그럴듯한 음식점이 예약돼 있고, 어떤 때는 자동차를 가지고 나와 기다렸다가 분당에 있는 무슨 공원이나 남한산성 골짜기로 데려가기도 했다. 이렇게 몰려다니는 혼성 그룹의 정체가, 모르는 사람들 눈에는 알쏭달쏭했을 것이다. 남 여 간의 나이 차이는 그럴 수도 있다 치더라도 짝이 맞지 않으니 도둑 연애하러 다니는 무리로 보기에는 석연치 않을 터이고, 그렇다고 어느 직장의 동료들로 보자니 노는 분위기가 수상했을 것이다.

남들이야 어떻게 보든, 우리는 누가 책을 냈다고 만나고, 누가 상을 받았다고 만나고, 누가 혼사를 치렀다고 만나고, 핑계거리가 없을 때는 그냥 점심이나 먹자며 모이기도 했다.

그렇게 어울리는 동안 강산이 변해 두 여류는 50대, 세 사내는 60대 중후반이 된 어느 날, 의심 받기 십상의 사건이 벌어지게 되었다. 여류 중 한 분이 미국으로 이사를 가게 된 것이다. 부부 교수인 C 여사 네가 더 큰 계획을 세워 교수직까지 포기하고 떠나는 이사인 만큼 축하할 일이지만 서운하고 아쉬운 마음만은 어쩔 수가 없었다. 언제나 모임을 주선하는 M여사의 제의로 이별 여행을 떠나기로 했다. 2박3일 일정을 잡아 설악

산에 콘도를 예약한 것도 M여사였다. 그런데 돌연 J선생이 사정이 생겨 못 가겠다고 했다.

C여사의 차에 넷이 타고 보니 평소답지 않게 어색했다. M여사도 분위기가 야릇하다고 느꼈던지 먼저 입을 열었다.

"두 분 선생님들, 사모님한테 누구누구 같이 간다고 보고하고 오셨어요?"

C선생이 받았다.

"우리 집 사람은 그런 것 통 안 물어요."

"강 선생님은?" "

"말도 마시오, 난 완전히 무시당했소. 남자 둘 여자 둘이 콘도 하나 빌려가지고 2박3일 자러 간다는데도 술 조금 마시라고만 하지 어떤 여자들이냐고 묻지도 않더라고… 그러는 M선생은 부군께 누구누구 같이 간다고 보고 했소?"

"그럼요."

"그래도 가라고 합디까?"

"콘도도 그이가 예약해줬는데요?"

"히야, 그 양반도 나를 무시하는구나!, C 선생은?"

그러나 오늘의 주인공 C여사는 그냥 웃으면서 운전만 했다.

콘도는 주방 겸 거실 양편에 방이 두 칸이었다. 소꿉장난하는 소년 소녀들처럼 들뜬 기분으로 밥해 먹고 술 마시고 떠들썩하게 놀다가 잠자리에 들었다. 더블베드가 있는 침실은 아직 덜 늙은 두 여사가 차지하고, 한물 간 두 남자는 마당쇠처럼 문간방 맨바닥에서 잤다.

아침상 머리에서 두 여사에게 물었다.

"방문은 잠그고 주무셨겠지?"

순진한 C여사가 받았다.

"아뇨."

"히야, 이 여자들도 나를 무시했구나!"

잠시 무슨 소린가 하는 표정이더니 이내 소프라노 같은 웃음이 터졌다.

우리는 연인들처럼 어울려 다니며 산 구경 바다 구경하다가 그렇게 하룻밤을 더 묵고 돌아오며 이별을 아쉬워했다.

강산이 또 한 번 변해가고 있다. 작년에 다녀간 C여사에게서 메일이 왔다. 울 안 사람들은 요즘도 자주 모이느냐고… 미국에 가서 한국인하교 학장이 된 그녀도 울 밖으로 밀려난 듯한 기분만은 어쩔 수가 없는 모양이다.

헤아려보니 어느덧 두 여사는 60대, 세 사내는 70대가 되었다. 아직도 청춘이라고 억지를 부려보지만, 아무래도 그 여행이 청춘과의 이별 여행이었던 것만 같아 새삼 그날의 여정旅情이 아련하다.

기우杞憂

사람들은 자랑하기를 좋아한다. 돈 자랑, 힘 자랑, 자식 자랑, 마누라 자랑, 사돈의 팔촌이 장관이 된 것도 자랑거리가 된다. 나는 신통한 자랑거리가 없는 터라, 주량이 한 때는 소주 다섯 병이었다는 걸 자랑이랍시고 내세우면서도 남들이 무슨 자랑을 하든 크게 부럽지는 않았다.

자랑거리도 나이 따라 변하더니 친구들이 손자 자랑을 늘어놓기 시작한 지가 10여 년이나 되었다. 처음에는 짐짓, 할아비 된 게 무슨 자랑이냐고 핀잔을 주기도 했지만, 자기 자식은 별로 귀여운 줄도 모르고 키웠는데 손자손녀새끼들은 그에 비길 바가 아니라며 침을 튀기는 데는 마냥 초연할 수가 없었다. 그런데 손자손녀에 빠지기로는 할머니들 쪽이 한수 위인 모양이다. 여럿이 모인 자리에서 손자 자랑 경연을 벌여 놓고는 차례로 돈을 받고 들어준다는데, 자랑 한 번에 만원씩 내라고 하면 삼만 원을 한꺼번에 내고 세 번 하는 할미도 있을 정도라는 것이다.

나는 워낙 자식 농사가 늦은 데다가 늦게 둔 남매마저 아이가 늦어 고희를 넘기도록 할아비 소리를 못 들으면서도 서운한 내색만은 삼가왔는데, 나이가 한참 아래인 아내는 텔레비전에 나오는 아기만 봐도 자기 아이인양 어르면서 노골적으로 부러워했다. 그러고 보니 '세금'을 자진해서 올려 내가며 입가에 거품이 일도록 쏟아내는 친구들의 손자 자랑을 속절없이 듣고만 있었을 아내가 가련해 보이기도 했다.

그렇게 남의 떡에 침을 흘리며 기다린 끝에 마침 임신 중이던 며늘아이가 아들을 낳았다. 단숨에 병원으로 달려가 유리창 하나를 사이에 두고 낯선 아이와의 상면이 이루어졌다. 세상에 나오느라 어지간히 애를 먹은 듯 검붉게 멍이 든 얼굴에 눈도 뜨지 못한 아기는 제 아비 어미 이름이 적힌 명찰만 떼면 내 손자라는 증거가 어디에도 없었다. 나는 간호사의 부주의로 그 명찰이 떨어져 나가기라도 하면 어쩌나 싶어 조바심이 났다.

그런데 뜻밖에도 아내와 주변 사람들은 아이가 나를 빼닮았다고 야단들이었다.

—저렇게 못생긴 녀석이 나를 닮았다고?

그렇다면 내 손자라는 증거가 분명하니 좀 못생겼으면 어떠

랴. 고슴도치도 제 새끼는 자랑스럽다는데 아무려면 고슴도치 새끼만이야 못하랴! 어느 동갑내기 친구는 일찍부터 왕성한 번식력을 자랑하더니 벌써 증손자를 보았노라고 거드름을 피지만 이제는 부러울 것 조금도 없다.

아이는 젖살이 오르면서 하루가 다르게 때를 벗더니 100일이 지난 요즘은 생판 다른 아이가 되었다. 신바람이 난 아이의 할미는 세상에 우리 손자만큼 잘 생긴 아이 있으면 나와 보라는 둥 허풍이 대단한데, 나까지 그 허풍이 허풍으로 느껴지지 않는 것은 또 무슨 조화인가.

아이가 잘 생긴 것이야 백번 경하할 일이지만 나는 요즘 서운한 감정을 감추기에 전전긍긍하고 있다. 못 생겼을 때는 날 닮았다고 그다지도 법석들을 떨더니, 아이 얼굴이 포동포동해지자 아무도 날 닮았다는 사람이 없는 것이다. 하지만 못난 할아비에 잘난 손자가 나온 것을 어찌 서운해 하랴. 청출어람 靑出於藍이라니 –.

볼 때마다 재주가 하나씩 늘어가는 아이가 이렇듯 대견하고 신통하다가도 문득 세상 돌아가는 꼴을 보면 측은한 생각이 들기도 한다. 저렇게 천진한 것이 장차 이 모진 세파를 어떻게 헤쳐 나갈지가 걱정인 것이다. 학원을 다섯 군데씩 다니고도 족집게 과외까지 받아가며 대학을 마쳐봐야 사회에 첫발을 내딛기가 하늘의 별따기요, 운 좋게 자리를 얻어도 머지않아 퇴출을 걱정해야 한다. 장사하는 사람들은 불경기로 고통, 정치가들은 진흙탕에서 개 싸우듯 싸우느라 꼴이 말이 아니고, 권력자들은 뇌물 시비에 휘말려 손가락질을 받고 있으니 어디에 발을 붙이고 살아야 하나.

할아비야 근심에 빠져 있거나 말거나 할미는 틈만 나면 손자 찬양에 신바람을 일으킨다. 아이가 장차 '큰 부자'가 될 거라는 작명가의 말을 믿어 의심치 않는 할미인 만큼, 친구들 모임에 가서는 한 오만 원쯤 선불하고 자랑을 시작할지도 모른다. 그러면 나는 또 그것이 걱정이다. 요즘 뇌물 파동의 중심에 서서 연일 뉴스거리를 제공하고 있는 전직 대통령 일가를 보면, 아이가 대통령이 될 운을 타고났다는 말이 없는 건 다행이지만, 연루자들에게 돈을 바친 죄로 잡혀간 사람이 바로 '큰 부자'라는 점이 마음에 걸리는 것이다. 그러다 보니 대통령 안 되는 건 다행, 큰 부자 되는 건 걱정인 할아비를 손자 녀석은 어떻게 생각할지 그것도 걱정이 된다.

이런 걸 기우라고 한다던데…

도설록盜泄錄

국민(초등)학교 1학년 때의 담임선생은 야마모토라는 한국인 여선생님이었다. 체크무늬 스커트에 눈부시게 하얀 블라우스, 뽀얀 얼굴에 인형 같은 눈, 오뚝한 코와 붉은 입술이, 말로만 듣던 선녀 같았다. 거기에 뾰죽구두까지 신은 선생님을 처음 보는 순간 나는 넋을 잃을 지경이었다. 내 할머니나 엄마나 동네 누나들처럼 무명 아니면 삼베 치마저고리 입은 여자들만 보아온 눈에는 그저 신비롭고 황홀할 따름이었다. 그날 이후 나는 저렇게 예쁜 선생님은 이슬만 먹고, 뒷간 같은 더러운 곳에는 얼씬도 안 할 거라고 생각했다. 너나없이 정부에서 식량 배급이랍시고 나눠 준, 기름 짜고 난 콩 찌꺼기나 산나물, 칡뿌리를 먹고 설사 병에 시달리던 때였지만 선생님이 뒷간에 가는 건 상상할 수가 없었다.

그러나 얼마 지나지 않아 내가 품은 신비감은 애처롭게 깨지고 말았다. 변소에서 나오는 선생님과 마주친 것이다. 남자 선생님들이야 그럴 수도 있지만 전교에 하나 뿐인 천사 선생님이 설마 그 더러운 변소에서 나올 줄은 몰랐다. 어쨌든 나온 사람은 선생님인데 왜 내 얼굴이 화끈거리는지 알 수 없었다. 나는 못 볼 것을 본 것처럼, —아예 못 본 것처럼 얼른 몸을 돌려 그 자리를 피하고 말았다.

내가 70년 가까이나 지난 일을 새삼 떠올린 것은 프랑스 파리의 베르사이유 궁전 앞에서 크게 낭패를 보고나서였다.

루이 14세가 20년에 걸쳐 건축했다는 궁전은 호화의 극치였다. 바로크 풍의 금빛 찬란한 건축물에 일 년 내내 꽃이 핀다는 드넓은 후원이며 수많은 방마다 천정까지 장식된 그림, 조각, 조명, 가구 등이 너무나도 아름답고 신비스러워서 관람을 마치고 밖에 나오니 꿈길을 헤매다가 깨어난 느낌이었다.

루이 16세와 마리앙뜨와네뜨 왕비가 극치의 호사를 누리며 온 국민의 선망과 질시를 동시에 받다가 프랑스 대혁명이 일어나 단두대의 이슬로 사라질 때까지 절대 권력의 상징이었다는 이 궁전이 나를 실망시킨 것은 지극히 사적私的인 일에서 비롯됐다. 아침부터 살살 아프던 배가 관람을 마치고 궁궐 마당에 나서자 죽 끓는 소리를 내더니 삽시간에 항문 괄약근의 인내력이 한계점에 이르고 만 것이다.

전날 저녁 메뉴로 달팽이요리라는 게 나왔는데 '요리'라는 말이 무색하게 먹을 것도 맛도 없어서 종로 호프집에서 먹던 골뱅이무침을 그리워하며 억지로 먹었더니 프랑스 달팽이들이 자존심이 상해 반란이라도 일으킨 모양이었다. 궁전에 입장하기 전에 안내원이 궁궐 안에는 화장실이 두 곳 있다고 일러주었지만 이미 건물 밖으로 나왔으니 다시 들어가려면 입장권을 사야하고, 입장료를 내고 들어간들 그 넓은 궁전 안에 둘 밖에 없는 화장실을 찾기가 쉽지 않을뿐더러, 찾았다 해도 그 앞에는 선착 객들이 이미 장사진을 이루고 있을 것이 뻔했다.

드넓은 광장, 인종 전시회를 방불케 하는 도도한 인파 속에서 고군분투하고 있는 내 항문 괄약근의 이 절박한 위기를 무슨 수로 구원한단 말인가. 평생 반려임을 믿어 의심치 않는 아내도 차라리 목숨을 대신 바치라면 모를까 내 괄약근의 고통을 대신 해결해줄 수는 없는지라 난감한 표정으로 안절부절 못하고 있었다. 비발디의 사계가 울려 퍼지고 향기까지 그윽한 내 조국의 화장실은 차치하고, 90년대에 중국 장백산 기슭에서 신세를 진, 왕파리 들끓는 거적때기 뒷간이 그리울 지경이었다.

궁전 건물은 ㄷ자를 엎어놓은 모양새인데, 눈여겨 살펴보니 ㄷ자의 오른쪽 날개 끝에 창고인 듯한 판자건물 하나가 달려있었다. 마침 그 언저리에는 인적이 드문데다가 판자건물 모서리와 궁궐의 울타리 돌난간이 삼각형을 이루고 있는 한 구석에 오토바이와 자전거까지 몇 대 주차되어 있어 도변盜便, -아니 도설盜泄을 은폐하기로는 안성맞춤이었다.

망설일 겨를이 없었다. 혁대를 풀고 오토바이 뒤에 엉거주춤 자세를 취하기가 무섭게 뱃속의 반란물들이 폭포처럼 쏟아졌다. 뱃속이 거짓말처럼 시원해지면서 괄약근도 덩달아 환호작약하는데 뒤처리할 휴지가 없었다. 오랫동안 고락을 함께해 온 DAKS 손수건에게는 차마 못할 짓이지만, 아내가 목숨을 바쳐도 안 될 과제를 해결한 마당이었다. 우선 급한 일부터 처리하고 나서 전우의 시체위에 국기를 덮듯 나의 배설물 위에 DAKS 깃발을 덮어 작별을 고하고 개선장군처럼 아내 곁으로 갔다.

"해결 했어!"

"어떻게?"

"저 쪽 구석에 가서… 아무래도 내일 아침 르몽드지에 날 것 같은데!?"

사실 내가 한 짓을 생각하면 왕실 모독죄로 중벌을 받아도 할 말이 없을 것이었다. 아내도 같은 생각을 했던지 누가 들을세라 검지 하나를 입술 가운데 세워 함구령을 내리면서도 벌레를 씹은 듯한 얼굴에 막무가내로 배어나는 웃음을 애써 참고 있었다. 그길로 범행 현장(?)을 벗어나 스위스로 넘어가긴 했지만, 나는 현지 방송을 들을 줄도, 르몽드지를 읽을 줄도 모르니 혹시 수배령이라도 떨어지지 않았는지 뒷일이 궁금했다.

그런데 알고 보니 프랑스의 옛 풍속대로라면 그게 그리 대수로운 일도 아니었다. 궁전 안의 화장실 두 곳도 근래에 만든 것이지 옛날에는 궁전은 물론 일반 가정에도 변소가 없었다고 한다. 변소 대신 요강에 대 · 소변을 보아 창밖에 버렸기 때문에 길바닥이 늘 질척거려서 생긴 것이 하이힐, 거기서 풍기는 악취를 희석시키려고 만들어낸 화장품이 향수라는 것이다.

궁전에서도 파티에 모인 손님들은 정원의 적당한 곳에 가서 눈치껏 해결하고, 왕비를 비롯한 귀부인들은 어린 시종侍從에게 요강을 들려 원통형 치마폭 속에 감추고 시중을 들게 했다니, 그 은밀한 삼각주 밑에 요강을 받쳐 들고 마마가 어서 용무를 마치고 부르르 진저리 신호를 보내오기만 기다렸을 어린 아이며, 엉거주춤하고 서서 애써 태연을 가장했을 귀부인들의 표정을 상상하면, 담담하고 다소곳하게 변소에 다녀나오시던 야마모토 선생님은 얼마나 인간적이었던가!

죽 먹는 호랑이

책을 뒤적이다가 배가 고파 시계를 보니 열두 시였다. 아침에는 과일주스 한 컵에 감자나 달걀 한 개로 끼니를 때우는 것이 오랜 습관이라 늘 이 시각이 기다려진다.

아내는 외출 중이니 오늘 점심은 내 손으로 차려 먹어야 한다. 우선 전기밥솥에서 밥을 퍼서 흰죽부터 쑤어놓고 냉장고를 열어보니 반찬이 즐비하다. 김치, 장조림, 오이지, 멸치볶음…. 주섬주섬 꺼내다 놓고 작년 여름에 담근 매실주까지 한 잔 곁들이니 한량의 밥상 치고는 성찬이었다.

서둘러 수저를 들었으나 죽에도 반찬에도 선뜻 손이 가지 않았다. 치아가 고장이라 벌써 여러 날째 치르는 곤혹이다. 차거나 뜨거운 것이 닿으면 눈물이 날 만큼 이가 시고, 조금만 힘을 주어 씹어도 깜짝 놀라게 아픈 것이다. 밥은 죽이 되었으니 그럭저럭 삼킨다지만 반찬 먹을 일이 난감했다. 밥보다 반찬을 많이 먹는 것이 취향인데 아무리 살펴봐도 내 치아 사정에 만만한 반찬이라고는 장조림간장 하나뿐이었다.

향긋한 매실주 한 모금에 씹을수록 맛이 나는 장조림 고기 한 점, 밥 한 술에 새콤한 오이지나 얼큰한 김치 한 쪽 어석어석 씹는 맛을 이미 알고 있는 내 입에는 벌써 군침이 가득하지만 모두가 그림의 떡이었다.

수저를 놓고 수저통에 꽂힌 가위를 집어다가 장조림 고기부터 부스러기가 되도록 잘게 썰었다. 그러고 보니 그 상큼한 오이지를 외면할 수가 없었다. 그릇째 들고 가 전기믹서에 붓고 거품이 일도록 사정없이 갈았더니 세상 어느 요리사의 요리법에도 없을 오이지 죽이 되었다.

이렇게 저작咀嚼의 즐거움을 그 비정한 쇠붙이들에게 고스란히 헌납하고 부스러기 고기나 우물거리고 있는 꼴이 스스로도 가련하기 그지없었다. 죽이 된 오이지를 숟가락으로 퍼먹으려니 처량한 몰골을 아무에게도 들키지 않은 것이 다행이었다.

내게도 병뚜껑을 이빨로 물어 따고, 구운 생선을 뼈째 씹어 삼키던 시절이 있었건만 어쩌다가 이 꼴이 되었는지…. 그러고 보니 내가 치아를 너무 혹사했다는 생각이 들었다. 앙증스러운 유치乳齒가 돋아나던 유아기부터 지금 70여 년 동안 내 이빨에 희생된 동·식물의 수량이 무릇기하이더뇨!

나는 지금 내 치아에 희생된 수많은 먹잇감의 혼령들에게 보복을 당하고 있음에 틀림없다. 그러고 보니 인간들이 찬미해 마지않는 단순호치丹脣皓齒의 그 눈부시게 아름다운 치아도 그들의 눈에는, 아름답기는커녕 악어나 호랑이의 이빨보다 더 흉물스럽고 비정하게만 보일 것이란 생각이 들었다. 그렇다면 그들은 지금 내 꼴을 보고 깨소금 맛이라며 박수갈채를 보내고 있을지도 모른다.

원리대로 살아가고 있는 자연계의 먹이사슬을 보면 약육강식이 비정하기는 하지만 불가피한 자연의 순환원리라는 것을 실감하게 된다. 포식동물들은 대체로 초식동물을 잡아먹고 사니 포식동물의 수가 더 많아야 한다. 더구나 포식자들은 초식동물들보다 더 많은 새끼를 낳는다. 하지만 생존율은 정반대이니 그 조화가 신비롭다.

짐승도 나이가 들면 늙기 마련이다. 늙으면 힘이 떨어지고 눈도 어둡고 치아도 못 쓰게 된다. 그런 몸으로는 사냥을 할 수 없고 사냥을 못하면 죽을 수밖에 없다. 태생적으로 힘이 약한 놈은 사냥을 배우기도 전에 도태되기도 한다. 이렇듯 서로 먹고 먹히면서 적정한 숫자의 균형을 맞춰 공존하는 것이 자연의 질서이거늘, 오직 꾀 많은 인간들만 온갖 동물을 다 잡아먹고도 이 원리에서 벗어나 '영장'임을 자처하고 있으니 희생물들의 혼령인들 어찌 복수심이 끓어오르지 않으랴.

나는 잡식 동물이지만 사주에 호랑이가 셋이나 들어있어서

인지 육식을 좋아한다. 그동안 내게 학살당한 희생물들의 복수심도 그만큼 클 것이다.

무릇 생명 있는 자들에게 먹는 일보다 더 큰 즐거움이 무엇이랴. 나는 이제 이 빠진 호랑이 꼴이 되어 고기 씹는 즐거움은 고사하고 초식마저 죽을 만들어 퍼 삼키고 있다. 내가 만일 포식동물이었다면 눈앞에 얼씬거리는 영양 한 마리도 잡아먹을 힘이 없어 벌써 굶어 죽고 말았을 것이다.

습관처럼 멸치볶음을 집으려다가 뒤미처 내 처지를 깨닫고는 슬그머니 젓가락을 거두었다. 드넓은 바다에서 플랑크톤이나 먹으며 사는 것이 무슨 죄라고 지옥 같은 인간 세상에 끌려와 집단 학살을 당하고도 모자라 기름 가마에 볶이기까지 한 멸치들의 시신을 보니 나는 갈데없는 저승사자였다. 멸치들에게도 혼령이 있다면 무시로 자행하던 악행을 포기하고 잔뜩 기가 죽어 죽이나 퍼먹고 있는 내 꼴을 보고 환호작약할 것이다.

나는 눈앞의 먹잇감도 애써 외면할 수밖에 없는 이 빠진 호랑이, 멸치들에게조차 조롱받는 저승사자가 되었을망정 목숨을 부지하려면 죽이라도 퍼먹는 수밖에 없었다.

잊히지 않으려고

얼마 전, 정신이 번쩍 드는 메일 한 통을 받았다. 내가 주간을 맡고 있는 잡지에 실을 원고 청탁에 대한 어느 여류수필가의 답신이다.

'원고청탁은 고맙습니다만 어느 지면이든 원고료 없이는 글을 드릴 수가 없습니다. 제 자존심이 허락하지 않습니다. 글은 준비되어 있습니다. 같은 작가로서 이해하시리라 믿습니다.'

잡지 편집자들은 좋은 글을 읽으면 그 작가의 이름을 메모해두었다가 원고를 청탁하는 경우가 많다. 이 분도 그런 연유로 청탁서를 보냈는데 이런 답신을 보내온 것이다. 수필전문지 주간을 맡아 45호까지 내는 동안 고료를 지불한 경우가 거의 없는데다가 나 또한 30년 가까이 수필가 행세를 하면서도 고료를 받은 경우가 가물에 콩 나기보다도 드물었지만 자존심이 상하기는커녕 청탁해준 것만 고마워서 기름을 짜내듯 써 바쳐온 터라 낯이 뜨거웠다.

수필가가 되고 싶어 ≪文學精神≫지에 응모한 수필이 당선 되었다는 통지서를 받고는, 이제 내 작품이 발표되고 나면 사방에서 원고 청탁이 쇄도할 것만 같아, 어디서든 청탁이 오면 즉시 보내려고 부랴부랴 준비까지 해가며 1년을 기다려도 원고청탁과 관련해서는 전화 한통 걸려오지 않았다.

—이 나라의 잡지 편집자들은 대체 어떤 사람들이기에 수필 문단에 혜성처럼 나타난 이 강 아무개를 알아보지 못 한단 말이냐!

돈키호테처럼 비분강개하여 편집자들을 원망하다가 제풀에 지쳐 구걸이라도 하기로 했다. 내 등단작품을 심사하신 박재식 선생의 권유로 구독 중이던 ≪隨筆公苑≫에 청탁받지도 않은 원고 한 편을 보내놓고, 가뜩이나 짧은 목을 한껏 길게 빼고 하회를 기다리기 여러 날 만에 책자 하나가 배달돼왔다. 박연구 선생의 출세작 ≪바보네 가게≫였다. 선생의 서명이 있는 속표지갈피에 조그만 쪽지도 한 장 끼어 있었다.

"좋은 글 주셔서 고맙습니다. 다음호에 싣겠습니다. 주간 박연구"

대개 이런 내용이었다. 너무나도 감격해서 특유의 그 악필 필체까지 우러러 보였다. 책에다 대고 절이라도 하고 싶을 지경이었다. 이런 인연으로 후에는 부부를 테마로 한 연작수필

〈부부도〉를 한 호에 두 꼭지씩 3년 동안 연재했지만 고료는 한 푼도 받지 못했고, 그 잡지의 편집과 신인작품 심사를 도우며 여러 해 동안 무보수로 봉사하면서도 그저 '혜성'(?)을 알아봐주신 박연구 선생이 고마울 따름이었다.

문득 초등학교 교사였던 아내가 햇병아리 시절에 겪었다는 일이 생각난다. 3학년 담임이던 어느 해, 자기 반에 한글도 깨치지 못한 지진아 하나가 있었더란다. 공부나 놀이에는 뒤지지만 그렇다고 특별히 말썽을 부리지도 않아서 늘 친구들의 관심에서 벗어나, 있는 듯 없는 듯 외톨이로 지내는 아이가 안쓰러웠다. 이런 아이에게는 칭찬이 약이라는 걸 알고 있던 터라 마땅한 칭찬 거리를 찾고 있던 어느 날 미술시간에 그림을 그리고 있는 아이 곁으로 다가가,

"아무개가 그림을 아주 잘 그리는구나."

한 마디 하는 순간 아이의 표정이 함박꽃처럼 피어나더니 다음날부터 하루도 거르지 않고 그림 한 장씩을 그려다 내밀며 귀찮을 정도로 따르더라는 것이다.

원고 청탁을 거절당하고 보니, 선배의 배려에 고무되어 견마지로를 다하면서도 그걸 오히려 특혜로 여긴 내가 바로 그 아이 꼴이 아니었던가 싶어 낯이 뜨겁다.

내가 '혜성'은커녕 유성도 못 된다는 걸 깨달은 요즘도 원고 청탁이 오면 사양하거나 거절하지 못하기는 마찬가지다. 젊어서는 청탁을 받으면 내가 혜성인줄 알고 나라는 존재를 더 알

리고 싶어 무료봉사조차 감지덕지 했다면, 요즘은 그나마 쓰지 않으면 나를 아는 몇 안 되는 사람들 기억에서마저 사라질 것만 같아 날밤을 새우곤 한다.

이렇듯 고료 안 주고 못 받는 것이 조금도 이상한 일이 아닌 풍토에 길들어오다 보니 내가 자존심 내려놓았다고 남의 자존심까지 헤아리지 못하고 원고를 청탁해 받아 싣고 고료 한 푼 안 주면서도 태연했으니 이 또한 미안하고 부끄러운 일이다.

나는 오늘 내 전화기에 저장된 이름 하나를 또 지우면서 처연한 가슴을 달랬다. 20년 지기 한 분이 또 세상을 떠난 것이다. 그동안 이렇게 지운 이름이 얼마나 많았던가. —머지않아 내 이름도 누군가의 수첩에서 이렇게 지워지겠지- 하지만, 어차피 인간은 그렇게 될 수밖에 없는 존재다. 세상을 어떻게 산 사람이든 죽음에 이르러서는 친구나 처자식을 망라한 그 누구의 구원도 받지 못한 채 스러져가기 마련이다.

나는 지금 부끄러움을 무릅쓰고 마른행주를 짜듯 메마른 감성을 쥐어짜가며 이 글을 쓰고 있다. 당분간이나마 잊히지 않으려고.

음과 양

텔레비전 방송국마다 드라마를 여러 편씩 방영하여 시청률 경쟁이 치열하다. 같은 시간대에 각기 성격이 다른 드라마를 내보내면 시청자들이 취향대로 골라 볼 터이니 경쟁을 덜 해도 되련만 사극이면 사극, 멜로물이면 멜로물을 같은 시간대에 방영하는 게 추세라 시청자들은 우왕좌왕 할 수밖에 없다.

인기야 물론 내용이 좋은 쪽으로 쏠리기 마련이지만, 내용마저 그렇고 그런 것들일 때에는 등장하는 주인공들의 용모가 시청률을 좌우한다. 이런 사정을 모를 리 없는 제작진인지라, 주인공들은 한결같은 미녀, 미남들이다. 하지만, 미남, 미녀의 기준도 보는 사람의 성별이나 나이에 따라 엇갈려서 가족들 간에도 리모컨 전쟁이 벌어진다.

나는 집안에 경쟁자가 아내 하나뿐인데도 실랑이를 벌이기가 녹녹치 않다. 바둑이나 스포츠, 동물의 왕국 같은 프로를 좋아하는 내 취향과 드라마 마니아인 아내 사이에 충돌이 일기 마련인데, 이창호나 이세돌이 중국의 창하오, 구리 등과 벌이는 바둑 결승전이라든지, 야구나 축구 한 · 일전을 보다가도 드라마가 나올 시간이면 여지없이 리모컨을 압수당하고 만다. 요즘은 간덩이가 부은 늙은이가 아니면 마누라에게 말대꾸를 한다든지, 하물며 비위를 거스르는 일이 없다는 세뇌공작에 길들여진 터라 나는 순순히 꼬리를 내리는 수밖에 없다.

드라마도 드라마 나름이라 내용이 좋고 주인공의 용모까지 뛰어나면 그 인기가 단숨에 국경을 허물어버리는 돌풍을 일으키기도 하지만 그런 드라마는 흔치 않다. 대개는 등장인물들 간에 말도 안 되는 관계를 설정해놓고 유치하기 짝이 없는 사랑 놀음이나 복수극을 벌이는데, 그나마 하루 이틀에 끝내도 좋을 장면을 일주일, 열흘씩 엿가락 늘이듯 하기가 예사여서 재미가 없다. 재미가 없으면 안 보면 그만이련만, TV라는 도구에는 욕하면서 친해지는 친구처럼 이상한 마력이 내장돼 있어 저도 모르게 빨려들고 만다.

나는 이왕지사 재미없는 연극을 볼 바이면 예쁜 여주인공이 나오는 쪽으로나 채널을 돌리고 싶지만 리모컨을 아내가 쥐고 있을 뿐더러, 늙은이가 체통 없이 예쁜 여자만 밝힌다는 핀잔을 들은 뒤로는 국으로 눈치나 보는 처지가 됐다. 그러나 아내가 선택한 드라마라고 크게 다를 것도 없다. 조금만 눈여겨보면 잘 생긴 남자 주인공이 주도하는 드라마라는 게 금방 드러나서 나는 속으로 웃고 만다.

그런 중에도 〈허준〉, 〈대장금〉, 〈겨울 연가〉처럼 모든 층의 이목을 사로잡은 드라마도 있었다. 특히 국경을 넘어 일본 열도에까지 '욘 사마' 신드롬을 일으킨 〈겨울 연가〉는 여러 해가 지난 요즘까지도 그 위력을 발휘하고 있다. 싹싹하고 순종적이기로 정평이 나 있는 일본 아줌마들이 '욘 사마'가 나타나거나, 하다못해 스쳐지나간 흔적만이라도 있는 곳이면 원근을 가리지 않고 구름처럼 몰려들었다. 심지어 상품까지도 욘 사마의 사진이나 사인이 들어 있으면 품목에 관계없이 불티나게 팔렸다니 제 마누라가, 국적이 다른 사내 녀석에게 넋을 잃고 떼 지어 몰려다니는 꼴을 속절없이 바라보고만 있을 '사무라이' 후손들의 표정이 궁금하다. 더구나 그 욘 사마란 자가, 그들이 그토록 경멸해 마지않던 '조센징'임에랴. 나야 생김새로나 나이로나 줄곧 여인들의 관심 밖에 밀려나 있는 터이니 일본 아줌마들인들 거들떠볼 리 없겠지만 그래도 '욘 사마의 나라'에 사내로 태어난 것이 이처럼 자랑스러울 수가 없다.

〈겨울 연가〉가 일본 열도를 휩쓸었다면 〈대장금〉은 중화권을 넘어 미국과 서구에까지 한류 열풍을 일으켰다. 특히 먹성 좋기로 소문난 중국 사내들이 대장금을 보고 침 흘린 것은 지극히 자연스러운 현상일 터이다. 음양의 오묘한 이치가 다

들어 있는 조선의 궁중 음식을, 그 선녀 같은 장금이가 빚었음에랴! 중국의 그 많은 산해진미에, 양귀비 같은 샤우저(少姐)들을 두고도 대장금에 침을 흘리는 '장괴'들 꼴을 바라보는 중국 여인들의 표정이 궁금하다. 한국의 사내들은 누구나 장금이처럼 의술까지 갖춘 미인의 시중을 받으며 그렇듯 보배로운 음식만 먹고 사는 줄 알 터이니, 내 비록 그만한 젊음, 그만한 미모, 그만한 솜씨를 갖추지 못한 여인과 리모컨 싸움이나 벌이며 살 망정 그 아내가 어엿한 한국 여인이라는 사실이 어찌 자랑스럽지 아니하랴!

이처럼 자랑스러운 나도 〈대장금〉을 보는 동안에는 장금이와 사랑에 빠진 민정호가 부러웠다. 아내 역시 민정호의 사랑을 독차지한 장금이가 못내 부러운 눈치였지만, 켕기는 데가 있어 차마 부러우냐고 묻지는 못했다.

생각할수록 난해하고, 난해할수록 오묘한 것이 음양의 이치인가 한다.

첫눈

첫눈이 내리고 있다. 칠십 여 년을 두고 해마다 맞는 겨울의 첫손님이지만 맞을 때마다 가슴이 설렌다. 어려서는 영문 모르게 좋기만 해서 발이 푹푹 빠지는 눈밭 위를 하룻강아지처럼 아무리 뛰어다녀도 흥분이 가라앉지 않았었다. 밤새 눈이 내린 날 아침, 하얀 눈이 이불솜처럼 푹신하게 덮인 앞마당에 첫 발자국을 찍으며 대문 밖으로 나서면 온 천지가 내 발자국을 기다리는 것 같아 더 신바람이 났다. 논틀밭틀 가리지 않고 천방지축 헤집고 다니다가 아이들과 어울려 눈싸움도하고 눈사람을 만들기도 했다.

하지만 나이가 들수록 눈이 내리면 행동보다 생각이 많아졌다. 유난히도 눈이 많이 내린 1·4후퇴 때 피난길에서 사촌동생을 잃고, 겨우 마련한 움막 속에서 어머니마저 잃고 나자 눈은 더 이상 낭만이 아니었다. 공교롭게도 어머니 대신 우리 형제들을 길러주신 할머니의 장례날도 첫눈이 내렸다.

그러고 보니 내가 나이50에 〈눈〉이란 졸문으로 추천을 받아 수필가 행세를 하게 된 것도 우연한 일은 아닌 듯하다. 나는 그 졸문 속에 그때의 감회를 이렇게 적었다.

> (눈은)내 할머니와 어머니의 넋이요, 할아버지와 어린 동생의 혼이다. 육신은 썩어 물이 되어 구천(九泉)을 흐르다가 옹달샘이 되고 다시 하늘로 날아올라 구천(九天)을 떠돌던 넋과 만나 눈꽃이 되었을 것이다. 구천을 흐르던 물은 사람과 짐승의 피가 되고 눈물도 되었다가
>
> 다시 수액이 되고 과즙이 되고 개천이 되고 바다도 되는 동안 얼마나 길고 긴 여정을 헤맸을 것인가. 그러므로 눈송이들은 내 육친들의 피와 넋만도 아니다. 예수의 피요, 석가의 눈물이요. 모든 죽어간 이들의 혼이다. 욕망이 사윈 재이며 피었다가 시들어버린 사랑의 꽃잎이다. 원망과 저주의 시신이며 권세와 영화의 환상이다. 박애와 자비의 화신(化身)이요 고뇌와 번민의 몸부림이다. 아니, 그 모든 사단칠정(四端七情)과 그것들의 주인이 하나의 크나큰 용광로에서 녹아 표백된 청정무구한 결정(結晶)이다.
> —졸작 〈눈〉 일부

대통령 선거로 시끄러운 세상에 첫눈이 내리고 있다.

거룩한 손

나무가 상처를 입으면 상처 난 자리에 옹이를 만든다. 사람의 몸도 혹사하면 혹사당한 자리에 옹이 같은 굳은살이 박인다. 발레리나 강수진의 발을 보면 그녀가 발을 얼마나 혹사했는지를 알 수 있다.

그녀는 1982년 고등학교 1학년 때 모나코 왕립 발레학교에 입학하여 로잔콩크르에서 1위에 입상한 것을 시작으로, 최연소 기록으로 세계 4대 발레단 중의 하나인 슈트트가르트 발레단에 입단하여 수석 발레리나가 되고, 무용계의 오스카상이라는 브누아 드 라당스 상을 차지하기까지 수많은 상을 휩쓸었으며 국내에서도 세종문화예술상, 호암상 등 최고 상을 받으면서 국립발레단 단장이 되었다.

올해로 48세가 된 그녀가 며칠 전 예술의전당에서 국내 무대 은퇴공연을 했다. 공연이 끝나자 2000여 관중이 10여 분간 기립박수를 보내는가 하면 80여 명의 공연자들은 장미꽃을 바치며 석별을 아쉬워했다.

그녀가 텔레비전 토크쇼에 출연한 적이 있었다. 출중한 미모에 밝은 미소, 군더더기 없는 세련된 몸매가 세계적인 스타다웠다. 하지만 장난스럽게 웃으면서 보여주는 그녀의 발을 보는 순간 나는 걷잡을 수 없는 충격을 받았다. 어느 야생동물의 발이 저만큼 험하게 생겼을까… 발가락마다 수많은 옹이가 박히고 일그러져 보기 민망한 형상을 하고 있었다. 하지만 정작 본인은, 일주일에 토슈즈 열 켤레가 해질 만큼 연습을 하면서도 몸이 아프면 약을 먹는 대신 연습을 더 하던 때도 있었다며 유쾌하게 웃었다. 그녀의 터키 출신 남편은 그 발을 피카소의 그림보다 훌륭한, 세상에서 가장 아름다운 발이라고 했다.

내가 충격을 받은 것은 그 순간에 불현듯 할머니 모습이 떠올랐기 때문이다. 40년 전에 94세로 세상을 떠나신 우리 할머니는 강수진이 슈드트가르트 발레단의 최연소 단원이 되었다는, 같은 열아홉 살에 할아버지에게 시집와서 평생을 농부의 아내, 농부의 어머니로 사셨다.

옛날 농가에는 요즘 사람들이 상상도 할 수 없을 만큼 일이 많았다. 여자들이 할 일은 더 많았다. 6 · 25전란 통에 며느리를 잃은 할머니는 우리 삼남매를 비롯한 여섯 식구 건사하랴 만 평 가까운 농사일 뒷바라지를 혼자 도맡아 하면서 4대 봉사까지 모시랴 손목 발목이 늘 퉁퉁 부어 성할 날이 없었다. 손톱 발톱은 굴참나무 껍질 같고, 겨울이면 발뒤꿈치는 가물탄 논바닥처럼 갈라지고, 손마디마다 군살이 옹이처럼 박혀 일그러진 손도 터서 피가 흘렀다. 터진 발뒤꿈치는 헝겊에 밥풀을 발라 배접하고, 터진 손은 오줌으로 씻었다.

그렇게 사시던 할머니는 내가 마음껏 효도 한 번 해보기도 전에 세상을 떠나셨다.

성긴 삼베 수의를 입고 누우신 할머니의 염습을 지켜보고 있는 내게 누군가가 저승에 가실 노잣돈을 쥐어드리라고 했다. 나는 북두갈고리처럼 오그라진 할머니의 양손에 동전 한 닢씩을 쥐어드리며 펑펑 울었다. 내게는 아직도 그 손이 세상에서 가장 거룩한 손이다.

폭력

요즘은 인공 미인이 많다.

인공 미인일수록 유행에 민감하다. 입는 것이 유행하면 더 많이 입고, 벗는 것이 유행하면 앞 다투어 벗는다.

요즘은, 입기는 하되 많이 내보이는 것이 유행이다. 윗옷은 내려 입고 아래옷은 올려 입는다. 그래도 안심이 안 되면 중간 부분을 드러내 보이기도 한다. 어깨와 가슴과 배꼽과 다리가 다 드러났다. 입을 것을 덜 입은 것인지 벗을 것을 덜 벗은 것인지 알 수가 없다.

번식이 끝난 지 오래인 사내들은 덜 입은 것이 위험스러워 보여서 애가 타고, 아직도 번식력이 넘치는 사내들은 덜 벗은 것이 아쉬워서 몸이 단다.

인공으로 미인이 되어, 덜 입거나 덜 벗은 패션으로 뭇 사내들을 애태우고 몸 달게 하는 것은 폭력이다.

봄

봄이 오고 있다.

성장한 신부인 양 우아하게 왔다가 유령처럼 사라질 것이다.

내 나이 열네 살, 봄은 진달래꽃만 흐드러지게 피워 놓고, 병든 엄마를 데리고 저세상으 로 사라졌다.

난만한 꽃동산을 감당할 수가 없어 울지도 못했다.

봄은 언제나 나비 거느리고 왔다가, 엄마도 없는 진달래 동산에 나비들만 남겨 둔 채 떠나 곤 했다.

나는 그 야속한 꽃동산에 앉아 보리피리를 불었다.

피리소리는 하롱하롱 아지랑이로 피어올랐다.

아지랑이가 스러져 간 멀건 하늘에서 종달새가 울었다.

나는 진달래가 흐드러져 서러웠다.

봄이 또 오고 있다.

2부

빈 자리

전동차가 멎고 문이 열렸다. 드문드문 비어 있던 빈자리가 순식간에 차고도 사람이 넘쳤다. 차가 다시 움직였다. 미처 자리를 잡지 못한 승객들은 아쉬워 두리번거렸다. 그중에서도 체구가 왜소한 노파 하나가 유독 시선을 모으고 있었다. 키가 작고 깡마른데다가 허리까지 굽어 더 작아 보였다. 노파는 물에 빠진 사람처럼 허우적거렸다. 손잡이는 너무 높고 옆에도 잡을 것이 없었다.

맞은편 좌석에 앉은 사람들은 자리를 양보할 필요가 없었다. 노파의 턱밑에도 좌석을 차지한 젊은이가 여럿이니 그건 어디까지나 그쪽 사정이었다. 그러나 노파 쪽에 앉은 사람들은 노파를 일부러 보지 못했다. 신통하게도 그들은 모두 신문을 보고 있거나, 눈을 감고 명상에 잠겨 있거나, 시선을 불필요한 곳에 두고 있었다. 노파는 더 버틸 수가 없어 차 바닥에 주저앉았다. 차 안에는 전동차 바퀴 구르는 소리뿐이었다.

이윽고 저쪽 구석에서 문풍지 우는 듯한 인간의 목소리가 침묵을 깼다.

"할머니, 이리 오세요."

노약자석에 앉았던 양복 차림의 노인이 엉거주춤 일어서서 노파에게 손짓을 보내고 있었다. 더 이상 늙을 여지는 없지만, 강단은 있어 보이는 노인이었다. 주변의 시선들이 일제히 노인과 노파 사이를 오갔다. 곁에 서 있던 사람이 노파를 좌석으로 부축해갔다. 노인은 고맙다는 말이 민망해서 슬며시 노파가 있던 곳으로 피해 갔다.

노인의 턱밑에서 신문을 보고 있던 청년이 무거운 엉덩이를 들어 올리며 노인에게 자리를 권했다. 그러나 노인은 앉지 않고 노기 띤 눈으로 청년의 얼굴을 쳐다보기만 했다. 청년은 오늘의 운세가 좋지 않은 것 같았다. 앞니 빠진 자리처럼 좌석 하나가 비었는데도 앉는 사람이 없었다.

다시 전동차가 멎고 문이 열렸다. 승객들이 경주마처럼 달려들었다. 무리에서 선두를 차지한 중년 아줌마가 순식간에 빈자리에 엉덩이를 디밀었다. 이제 차 안에 빈자리는 없었다. 세상 어디에도 빈자리는 없을 것 같았다.

전동차는 쾌속으로 달렸다.

묘수와 꼼수

"바둑 둘 줄 아십니까?"

"둘 줄 모릅니다."

"장기는 두시오?"

"그것도 못 두는데요."

"그럼 고누는 두는가?"

이건 바둑 두는 사람들이 만들어 낸 말이다. 바둑은 최첨단 컴퓨터로도 못 당할 만큼 수가 무궁무진해서 절대 강자가 없다. 장기는 바둑에 비해 수가 단조롭지만 글자를 알아야 둘 수가 있고, '고누'란 작게는 네 칸, 커봐야 아홉 칸짜리 판을 땅바닥에 그려 놓고 말 대신 조약돌이나 나뭇가지, 풀줄기 등을 잘라 장기 흉내를 내는 놀이라 배우기가 쉽고 글자를 몰라도 둘 수가 있어 주로 하층민들이 즐겼다. 그러니 바둑을 도道

로 여기던, 자칭 '도인'들의 눈에는 유치하기 짝이 없었을 이 놀이를 그렇게 비하하면서 우월성을 과시했을 것이다. 이런 사람들은 바둑 이외의 놀이는 모조리 '잡기雜技'로 얕잡아 본다. 그리하여 바둑을 수담手談으로 미화하는가 하면, 신선놀음으로 추켜세우기도 한다.

따라서 바둑에는 어려운 용어도 많다. 우선 바둑판에는 화점, 천원, 귀, 변 등 위치마다 이름이 있고, 실전에서도 빈삼각, 호구, 단수, 축, 맥, 등 돌이 놓인 모양마다 이름이 있으며, 입계의완入界宜緩－적진 깊숙이 들어가지 마라, 공피고아攻彼顧我－상대방을 치려거든 나부터 살펴보라 등 손자병법을 방불케 하는 열 가지 계략을 열거한 '위기십결圍棋十訣', 조이구승자다패-조급하게 이기려하면 더 많이 진다, 부쟁이자보자다승不爭而自保者多勝-싸우지 않고 자신을 지키는 자가 더 많이 이기느니라 어쩌고 하며 마음을 다스리라는 '위기십훈圍棋十訓'이라는 것도 있다. 그래서 바둑을 인생의 축소판이라 하고, 기력이 9단에 이르면 입신入神했다고까지 한다. 10단이 없는 것은 9단도 모르는 수가 더 있기 때문이라니 귀신도 모르는 수가 있다는 뜻이리라.

나는 그 고상하고 난해한 수사修辭에 주눅이 들어 배울 엄두도 못 내고 장기나 두면서, 바둑을 두는 사람들은 나처럼 한 수 무르자고 사정을 하면 상대는 의례 '일수불퇴一手不退'를 외치며 안 된다고 손사래를 쳐서 티격태격하는 부류와는 차원이 다른 줄로만 알았다.

내가 처음으로 바둑을 두어 볼 엄두를 낸 것은 군대에서였다. 상급자들 앞에서는 훈련된 가축에 불과한 졸병들도 바둑을 두던 것이다. 거기 끼어들어 간신히 두 집 짓는 법이나 터득할 무렵에 제대를 했다.

귀향해 보니, 군대를 면제받고 고향을 지키던 초등학교 동창 H군의 바둑 실력이 상당했다. 그는 농촌에 묻혀 있으면서도 한학에 능한 선비인지라 삼가 하교下教를 청했더니 대뜸 아홉 점을 놓으라고 했다. 왕년에 학업 성적으로 자웅을 겨루던 라이벌 앞에 자존심이 상했지만 하는 수 없었다.

나는 거기서 판을 거듭할수록 바둑의 그 고상하고 난해한 수사들이 헛구호가 아니라는 것을 실감했다. 아홉 점을 놓고도 번번이 참패였다. 욕심을 낼수록, 분을 참지 못해 복수의 칼을 갈수록 더 많이 졌다. 상대방의 수가 꼼수임에 틀림이 없어도 응징할 방법을 몰라 대마를 죽이고 참패만 거듭하는 심정이라니! 독사처럼 약이 올라,

"야, 너 그 꼼수 좀 두지 마!"

하고 대들면,

"허허 무엄하다, 스승은 하늘이거늘 그 무슨 망발인고. 그게 묘수지 어째 꼼수란 말인가!"

이렇게 거드름을 핀다. 이런 수모를 당한 날은 잠도 오지 않았다. 눈을 감아도 망막에는 바둑알들만 우글거렸다. 50여

년 전의 일이다.

요즘도 한 달에 한두 번씩 그 친구와 바둑을 두는데 형편이 달라졌다. 기력이 많이 늘기도 했지만 '스승님'의 권위가 형편없이 추락한 것이다. 아마 2단 정도로 실력이 대등할 뿐 아니라 승률이 오히려 내 쪽으로 기울게까지 되었으니…. 그래도 스승은 스승인지라 모임에서 만났다가 헤어질 때는 슬그머니 다가와,

"어때, 오늘 한 수 가르쳐 줄까?"

한다. 아마추어 바둑에서는 상수上手가 백을 잡는 것이 관례인데 아직은 내가 백을 차지하고 있는지라 나는 또 가소롭다는 듯이,

"흑 들고 가르치는 스승님도 있나?"

하며 비아냥거리지만 이런 날은 백을 넘겨주기 십상이다. 티격태격, 옥신각신하다가 세 판을 내리 져서 백을 빼앗기고는,

"술이 취해서…."

하고 핑계를 댄다. 모임에 나온 열 명 중에서도 술을 제일 많이 마신 나와는 달리 그는 술을 아예 못하는 체질이라 한 잔도 안 마셨으니 터무니없는 핑계는 아닌 셈이다. 하지만, 미구未久에 내가 백을 탈환하면 그에게도 핑계가 있다.

"어젯밤에 잠을 못 자서…."

그는 나이 70에도 방송통신대학 공부를 하고 있는 중이니

이 또한 근거 없는 핑계는 아닐 터이다.

최근에는 바둑을 도가 아니라 스포츠로 규정하고, 지난 베이징 아시안게임에서는 정식 종목으로 채택하여 우리나라가 금메달을 휩쓸었다.

스포츠에서는 심리전도 전술이다. 하여, 요즘 H와 나는 바둑을 시작하기 전에 이런 인사를 나눈다.

"우리 스승님이 어제 밤에는 잠을 좀 주무셨나?"

하고 심기를 건드리면,

"오늘은 술 핑계 대지 말고 잘 배워!"

한다.

요즘은 세상사가 두루 속이면 묘수, 속으면 꼼수가 되는 판이라 바둑을 둘 때마다 세상일을 생각하게 된다.

탈

나는 낯익은 연예인, 특히 여성 연예인들의 이름을 잘 기억하지 못한다. 텔레비전 화면에서 여러 번 보았으면서도 어굴 따로 이름 따로 떠오르기 일쑤다. 아무개 하면 초등학생도 알 정도로 유명한 탤런트도 얼굴이 쉽게 떠오르지 않는다. 자주 보는 미인인데도 이름이 얼른 생각나지 않는 경우도 허다하다. 이런 현상은 예쁜 얼굴일수록 더 심하다. 물론 내 인지 능력이나 기억력이 부실하기 때문일 터이지만, 비교적 덜 예쁘면서도 개성이 뚜렷한 연예인의 이름은 꽤 기억하는 걸로 보아 다른 이유가 있을 듯하다.

조사해본 바는 없지만 성형 수술을 많이 해서 억지로 예뻐진 미인들일 수록 구별하기가 어려운 것이 아닌가 한다. 아름다움의 기준에도 일종의 고정관념 같은 것이 있고, 그 기준에 따라 성형을 하다 보니 그런 현상이 일어나는 것 같다. 게다가 머리 모양, 화장, 의상도 대개가 유행에 따르는 경향이 있어 비슷비슷한 미인들이 많다.

그러니 중학생 아이를 둔 아줌마도 차림새만 고치면 처녀로 위장이 되고, 오륙십 대 할머니들도 무슨 주사를 맞든지 칼질이라도 해서 주름살 펴고, 어쩌고 하면 아줌마 행세를 하는데 전혀 지장이 없다. 그렇다면 내가 미인들의 이름과 얼굴을 구별하지 못 하거나 할머니와 아줌마를 착각하는 것은 탓할 일이 아니다. 탓하기는커녕, 위장술에 능한 여성들로서는 상이라도 내리고 싶을지 모를 일이다.

어느 날 동네 사우나 앞에서 물먹은 머리에 운동복 차림으로 목욕도구를 들고 나오는 중년 여성과 마주쳤다. 여인은 나를 보는 순간 당황하는 기색이 역력했다. 아직도 사우나 열기가 가시지 않아 상기된 듯한 맨얼굴에 흐트러진 머리를 보이기가 민망하기도 했을 것이다. 이런 경우에는 짐짓 한눈이라도 파는 것이 예의다. 그러면 상대방도 서둘러 빗겨가는 것이 또한 상례다. 그런데 이 여성은 내가 미쳐 한눈 팔 새도 없이 인사를 건네 왔다.

"안녕하세요."

엉겁결에 나도 상대를 쳐다보며 같은 인사말을 뇌이기는 했으나 도망치듯 잰 걸음을 놓는 여인은 전혀 아는 얼굴이 아니었다.

온탕에 몸을 담그고 아무리 기억을 더듬어 봐도 어디서 어떻게 알게 된 여인인지 떠오르는 인물이 없었다. 고희가 넘도록 살았으니 옷깃이라도 스쳐간 여인이 적지 않았고, 그 중에는 마주치지 말아야 마음 편할 여인도 없지 않을 터라 심기가 여간 불편하지 않았다.

건성으로 목욕을 끝내고 돌아와 엘리베이터를 타는 순간 섬광처럼 떠오르는 여인이 있었다. 내가 출근 시간대에 8층에서 엘리베이터를 타면 먼저 타고 내려오다가 인사를 하던 여인, - 단정한 단색 정장 차림에 사자머리 파마와 화사한 얼굴이 나이를 짐작하기 어렵던 바로 그 아줌마였다. 안도의 한숨을 내쉬며 혼자 웃었다.

어느 날, 제 친척 누이의 딸 돌잔치에 다녀온 아들아이가 영문 모르게 깔깔거리며 웃어댔다. 뭔가 재미있는 일이 있었는데 이야기를 하려니 운을 떼기도 전에 웃음부터 터지는 모양이었다. 첫돌을 맞은 아이의 어미는 내 생질여로 서울에서 자라, 이천에서 농장을 하는 댁으로 시집을 갔다. 살림은 넉넉한 편이지만, 여건상 의상이나 화장이 같은 또래의 도회지 여성들과는 사뭇 달랐다. 서울 태생인 새댁의 차림새가 그렇게 수수하다면 시댁 식구들도 다르지 않을 것이다.

돌잡이 아이도 그런 분위기 속에 태어나서 그런지 우리 집에 나들이라도 오면 낯을 몹시 가렸다. 그래도 시댁에서는 첫 아이의 돌이라며 분당의 규모 있는 연회장을 빌려 큰 잔치를 연 모양이었다. 아이의 어미가 모처럼 성장을 하고, 연회장 근처의 미용실에 가서 화장까지 하고 나오자 아이는 제 어미를 알아보지 못하고 자지러지게 울어대는 바람에 잔치보다 아이 달래기에 진땀을 흘렸다는 것이다.

얼굴을 꾸미고 몸을 단장하되 알아볼 정도로 하면 화장, 알아보기 어려울 정도가 되면 분장이다. 분장보다 더 심한 것이 탈이다. 탈을 쓰면 추남도 미인이 될 수 있고, 미녀가 추남으로 변신할 수도 있다. 더 심하면 늑대, 여우, 곰이나 호랑이로 둔갑할 수도 있다. 탈도 아니고, 화장만으로 아이가 어미를 몰라보고 울었다니 치장이 지나쳤던 모양이다.

요즘은 남자들도 화장을 한다. 파마도 하고 성형수술까지 한다. 생긴 대로 살아가기에는 자신이 없는 모양이다. 옛날 같으면 고려장을 면하기 어려울 나이의 늙은이들도 머리 염색 정도는 예사로 한다. 그래서 꾸민 얼굴로만 보던 사람이 본 얼굴로 나타나면 알아보기가 어렵고, 본 얼굴로만 보던 사람이 꾸미고 나오면 생판 딴사람이 된다. 그러니 현대인들은 누구나 탈 하나씩은 쓰고 사는 셈이다.

하지만 이런 정도는 한낱 시류에 불과하다. 정작 무서운 것은 화장조차 하지 않았는데도 본모습을 알 수 없는 사람들이다. 다정다감하던 이웃집 아저씨가 발정한 수캐처럼 느닷없이 덤벼들고, 순정을 다 바치겠다던 미녀가 '꽃뱀'으로 돌변하는가 하면, 20여년 길러 온 자식이 살인강도로 돌변하여 부모를 죽여 놓고는 갑자기 효자가 되어 통곡을 하기도 한다.

인간의 본래 모습이 이렇지는 않았을 것이다. 인간의 탈이 무서운 세상이다.

엄마

"엄마, 나 챔피언 먹었어!"

1974년, 남아프리카공화국의 더반에서 권투 밴텀급 세계 챔피언 아놀드 테일러를 물리치고 4전5기의 신화를 일궈낸 홍수환 선수가 어머니에게 던진 첫마디가 그랬다. 아들의 어리광 섞인 보고에 화답하는 어머니의 일성은 더 감동적이었다.

"그래, 대한 국민 만세다!"

베이징 올림픽이 한창일 무렵, 미국의 한 웹진에서 NBC 방송의 올림픽 중계를 기초 자료로 집계한 감성지수에서 '엄마'가 1위를 차지했다고 한다. 역대 올림픽에서 자주 언급된 감상적 언어 33개를 골라, 이 중에서 이번 올림픽에서는 어떤 단어가 가장 자주 등장했는지를 조사한 결과 '엄마'가 총 84차례로

빈도가 가장 높았다는 것이다. '헌신' · '용기' · '도전' · '꿈' · '영광' ·'기적' · '열정' · '눈물' · '승리'등 33개의 단어 중에 '아버지'는 끼이지도 못 했다고 한다.

베이징 올림픽에서는 8관왕이 나왔다. 수영의 마이클 펠프스, —혼계영 400m에서 여덟 번째 금메달을 따고나서 입을 연 그의 첫 마디도,

"엄마가 보고 싶어요."

였다. 펠프스는 미국 최고의 섹시남으로 꼽히고 있는 터라, 진작부터 군침을 삼키며 가슴 설레고 있을 뭇 여성들로서는 여간 실망스럽지 않았을 것이다.

우리나라 선수 중에서도 여성들을 실망시킨(?) 선수가 있었다. 배드민턴 혼합복식에서 금메달을 딴 김용대는 시상대에서, 기량에 못지않은 그 빼어난 '얼짱' 용모로 살인적인 윙크까지 날려 뭇 여성들의 마음을 사로잡으며 일거에 '국민남동생'으로 추대됐다. 그러나 시상식이 끝난 다음의 인터뷰에서 그 윙크는 엄마에게 보낸 것이었다고 실토하는 바람에 실망한 여성이 적지 않았을 것이다.

유도의 최민호는 '한판승의 사나이'란 별명에 전혀 손색이 없었다. 금메달을 목에 걸기까지의 다섯 판을 내리 한판승으로 장식하는데 걸린 시간의 합이 7분 몇 십 초에 불과했다고 한다. 유도는 격한 운동이라, 선수의 성품도 거칠고 비정할 것

같지만, 그는 울보였다. 경기를 끝낸 매트에 엎드려서 울고, 인터뷰 중에도 울더니, 시상대에서는 자기에게 한 판 패를 당한 은메달리스트의 축하를 받고는 그의 어깨에 얼굴을 묻고 울었다. 금메달을 목에 걸고 가진 인터뷰에서도 울보답게,

"우리 엄마는 천사라요."

했다. 가장 하고 싶은 일도 엄마와 여행을 가는 것이라고 했다.

요즘, 6 · 25 60주년 특집 드라마 '전우'가 방영되고 있다. 극중, 병사들의 잠자는 장면이 나왔다. 군화도 벗지 못하고 총을 배 위에 올려놓은 채 잠든 한 병사의 머리맡에 성냥갑이 놓여 있고, 성냥갑 앞에는 성냥 개피를 땅바닥 위에 늘어놓아 만든 두 글자가 잠든 병사의 꿈을 보여주고 있다.

-엄마-

병사는 지금 꿈속에서 엄마를 만나고 있을 것이다. 아니, 꿈속에서조차 엄마를 만나지 못해 울고 있을지도 모른다. 참전 용사들의 증언에 의하면 전투를 한번 치르고 나서 인원보고를 하려면 차마 입이 떨어지지 않았다고 한다.

"총원 180명, 사고 150명. 현재원 30명.

사고 내용, 전사 80명, 부상 50명, 행방불명 20명."

대개 이런 식이었다는 것이다. 그런 전투에서 '현재원' 30명 중의 하나로 남은 병사가 잠들기 전에 목이 메게 그리워한 여인,

—엄마—

취침 중에라도 상황이 벌어지면 또 전투에 나가야 할 것이고, 나가고 나면 다음 인원 보고를 할 때도 현재원으로 남으리라는 보장이 희박한 저 아들을 기다리고 있을 '엄마'의 모습이 내 엄마의 얼굴과 겹쳐 떠올라 목이 메었다.

나는 그 전쟁 때 엄마를 잃었다. 나이 40도 채우지 못하고 피난지의 거적때기 움막 속에서 병들어 죽었다. 전쟁 통에는 살 방법보다 죽을 위험이 더 많았으니 엄마는 죽어가면서도 내 걱정을 했을 것이다. 내 나이 열네 살—나는 기가 막혀서 울지도 못했다.

그로부터 59년이 지난 작년 정월에야 나는 첫 손자를 보았다. 그 아이가 요즘 한창 말을 배우고 있다. 어미는 '엄마', 아비는 '아빠', 할미는 '미미', 할아비는 '비비'라고 부른다. 그 중에서도 제일 먼저 배워서 가장 똑똑하게 하는 말이 '엄마'다. 며늘아기의 자긍심이, 아무리 감추려 해도 다 보인다. 만인의 영원한 고향, —'엄마'가 됐으니 그럴 만도 하다. '비비'가 된 나도 한껏 들떠 있지만 자랑할 데가 마땅치 않다. 홍수환 선수처럼 엄마를 향해서라도,

"엄마, 나 '비비' 먹었어!"

하고 외치면,

"그래, 대한 국민 만세다!"

하며 활짝 웃을 것 같은데 엄마에게는 전화기가 없다.

엄마—.

도둑담배

길이 막히지도 않는데 오늘 따라 버스는 느리기만 했다. 버스에서 내려 백화점 앞 벤치 옆에 놓인 재떨이를 발견하기가 무섭게 담배 한 개비를 꺼내 물었다. 거기까지 오는 동안 줄곧 주머니 속에서 만지작거리기만 하던 라이터를 꺼내 점화 버튼을 누르는 순간 노란 불꽃이 화살촉처럼 튀어나왔다. 두 손으로 불꽃을 감싸 담배 끝에 대고 배고픈 아이가 젖꼭지 빨듯 빨아들였다. 거푸 서너 모금을 삼키고 나서야 비로소 사물이 제대로 보이기 시작했다. 간신히 정신을 차리고 주변을 둘러보니 눈이 부시게 예쁜 아가씨가 저 쪽 벤치에서 잔뜩 찌푸린 얼굴로 손사래를 치고 있는 게 아닌가. 거기는 엄연한 흡연구역이니 내 잘못이 아닌데도 죄지은 것 같은 기분만은 어쩔 수가 없었다. 미인은 찌푸린 얼굴도 예쁘다고 너스레라도 떨지 못한 것은 나 자신의 우유부단을 용서할 수가 없어서였다.

담배를 끊겠다고 선언한 지가 그날로 한 주일째다. 첫 날은 내가 생각해도 용케 견뎠는데 다음 날 부터는 도저히 참을 수가 없었다. 처음 시도하는 일도 아닌데 끊을 생각이면 조용히 참아보다가 정 못 견디겠으면 다시 피우면 될 걸, 선불리 떠버린 것이 실수였다. 집에서는 아내가 무섭고 사무실에 나가면 동료 눈치가 보여 도둑질 하듯 한 대씩 피우려니 꼴만 우습게 되었다. 그래도 하루 한 갑씩 피우던 담배를 한 주일 동안 두 갑으로 버텼으니 가상키도 하련만 아내의 감시가 추상같다. 오늘 아침에도 화장실에 가서 한 대 피우고 나왔는데 환풍기를 틀어 놓고 필요 이상 오래 앉았다가 나왔건만 아내는 용케 알고 왜 담배 피웠느냐고 다그쳤다. 물론 나는 '개 코'를 들먹여가며 오리발을 내밀었지만 아내와 떳떳하게 눈을 마주치지는 못했다.

담배가 건강에 해롭다는 말을 귀에 못이 박히도록 들으면서도 60년이 가깝도록 끊지를 못하고 지내려니 변명만 늘었다. 스트레스 해소, 사고력 증진, 원활한 대인 관계 -그 중에서도 내가 전가의 보도처럼 내세우는 것은 흡연이 장수에 결정적인 악영향을 미치지는 않는다는 것이다. 내 조부, 백부, 부친이 모두 지독한 애연가였지만 모두 90수를 하셨으니 이보다 확실한 증거가 어디 있겠는가.

93세를 며칠 앞두고 세상을 떠나신 아버지가 돌아가시기 얼마 전에 금연을 시도하신 적이 있었다. 의사의 경고 때문이기는 했지만 담배를 끊기가 얼마나 어려운 일인지를 잘 알고 있는 자식으로서는 여간 딱한 일이 아니었다. 아버지는 누가 고급 담배를 사다 드리면 싱거워서 못 피우겠다며 동네 담배 가게에 가서 독한 싸구려 담배로 바꿔다가 피우시곤 했다. 그런 분이 담배를 끊는다는 것이 얼마나 큰 고통이겠는가. 그래도 그걸 끊겠다며 비축한 담배를 이웃 노인들에게 다 나누어 주셨는데, 며칠이 지난 어느 날 몰래 담배를 피우다가 나와 마주쳤다. 아버지는 그 옛날 내가 당신 앞에서 그랬던 것처럼 당황해 어쩔 줄을 몰라 하셨다. 끊겠다는 선언을, 그것도 자식 앞에서 스스로 깨는 것은 90노인에게도 수치였을 것이다. 수치심을 무릅쓰고 욕구를 충족시키는 것은 인격적인 모욕이다. 게다가 욕구를 지나치게 억제하는 것은 자신에 대한 학대다. 자신을 학대해가면서까지 장수를 누린들 거기에 무슨 낙이 있겠는가. 나는 당장 담배 한 보루를 사다 드리며 너무 참지 말고 조금씩 피우시라고 권했다.

나는 지금 줄담배를 피우며 이 글을 쓰고 있다. 내 집인데다가 마침 아내도 외출 중이라 나무랄 사람도, 얼굴 찡그릴 사람도 없다. 그래도 도둑질하는 기분이 가시지 않으니 무슨 조화인가. 그렇다고 금연을 포기한 것은 아니다. 담배를 피우려면 우선 내가 여러 가지 불편을 감수해야 한다. 가는 곳마다 간접흡연으로 생사람 잡는다고 아우성, 여기저기 금연 구역을 설정해 놓고 거기에서 담배 피우면 벌금을 물리겠다고 으름장, -언젠가 중국 장가계에 갔을 때는 손자뻘밖에 안 되는 공안원 녀석에게 실제로 담배와 라이터를 압수당한 적도 있었다. 무엇보다도 젊고 아름다운 여성일수록 담배 냄새를 더 싫어해서 얼씬도 하지 않으려 드니 그 손해가 얼마인가. 그 동안 터무니없이 비싼 세금을 바쳐온 애연가의 몰골이 가련하다.

그래도 담배 맛은 여전히 좋고, 도둑 밤배 맛은 더 좋은데 담배 얘기 쓰느라 감춰 두었던 담배 다 피웠다. 우리 집에서는 담배 가게가 멀다. 없으면 쓰레기통이라도 뒤지게 하는 것이 담배인데 아내 오기 전에 한 갑사다가 감춰야 할지 그냥 참아야 할지 난감하다. 상습 절도범의 심정이 이럴 것이다.

오복 농원

지하철 종로3가역에서 내려 내 사무실로 가는 골목길은 오토바이 하나만 만나도 비켜섰다가 가야할 만큼 좁다. 게다가 바닥에는 보도블록이 깔려 있어 잡초도 어지간히 악착스러운 놈이 아니면 터 잡을 엄두를 못 내는 길이다. 그런 골목이 조금 넓어지면서 +자를 이루는 한 모퉁이에 작은 농원이 있고 농장을 관리하는 농막도 있다.

작고 낡았지만 농장 규모에 비하면 터무니없이 큰 이층집이다. 기실 그것들을 보고 농원이니 농막이니 하는 것은 나 혼자 하는 소리지 주인조차 그런 말은 한 적이 없을 것이다. 농원을 구성하는 작물들이 모두 화분에 심겨 노천에 늘어서 있고 농막이라고 한 건물도 실은 주인의 살림집이기 때문이다. 하지만 규모가 작고 그나마 모든 작물을 화분에 심어 재배할 망정 작물의 종류나 농사 기술만큼은 어느 농원 못지않다. 고추, 가지, 부추 따위 채소를 비롯해 대추, 석류, 머루, 다래, 포도, 복숭아 애기사과, 감 등의 유실수와, 장미 국화 등속의 화초에 이르기까지 줄잡아 20여 가지는 됨직한 작물들이 무성하게 어우러져 작은 숲을 이루고 있는 것이다. 봄부터 복사꽃, 앵두꽃을 시작으로 모든 나무들이 다투어 꽃피우고 열매 맺기 릴레이를 펼치더니, 며칠 전에 복숭아 수확이 끝난 2층 발코니에는 요즘 주렁주렁한 머루와 포도송이가 까맣게 익었고, 아래층 코너에 있는 애기사과와 대추도 붉게 익어가고 있다. 맞은편 모퉁이에는 고추, 가지, 부추들 외에 늦게 심은 배추도 파랗게 자라고 있다.

아침저녁으로 그 앞을 지나다니던 어느 날 화분에 물을 주고 있는 노파를 만났다. 백발에 주름진 얼굴이지만 표정만은 보살님 같은 할머니였다. 초면이면서도 왜 그런지 낯설지 않아 어렵잖게 입이 열렸다.

"할머니, 그렇게 사시면 백세도 모자라시겠습니다." 할머니가 일손을 멈추고 반색했다. "하, 하, 하, 그렇게 오래 살아 뭘 하게요?" 말과는 달리 기분이 썩 좋아보였다.

"이렇게 훌륭한 농원을 가지셨는데 뭘 하시다뇨?"

"하, 하, 하, 농원?"

농원이란 말이 어색해서 잠시 뜸을 들인 할머니는 이제야 뭘 좀 알아주는 사람을 만났다 싶었던지 묻지도 않은 자기소개에, 나무들까지 하나하나 짚어가며 설명을 달았다.

"내가 올해 여든네 살인데…"

이렇게 시작해서 회초리만 할 때 심었다는 복숭아나무, 어디서 어찌어찌 옮겨와 몇 년이 되었다는 대추나무로 이어지는 동안 할머니는 나이답지 않게 신명을 냈다.

옹색하고 구질구질한 골목길이지만 이런 농원이 있어 나는 출근길이 덤으로 즐겁다. 어쩌다 할머니를 만나면 인사를 주고받으며 농원에서 익어가고 있는 과실들을 상찬하는 것도 입에 군침까지 돌게 해주어서 좋다. 비슷비슷한 화분 속에 뿌리를 내리고 살면서도 각기 다른 꽃을 피우고 모양도 맛도 다른 열매를 맺는 이치를 생각해보게 될 때에는 철학자가 된 듯한 기분에 젖어보기도 한다.

이 농원의 농막 아래층에는 조그만 양품점이 있다. 유리문에 '오복 양품' 이란 상호가 박혀 있고, 쇼윈도에는 여성 의류가 진열돼 있다. 나무에 가려 잘 보이지 않는 것이 흠일 듯도 하지만 단골손님을 만드는 데는 그 운치가 오히려 한 몫을 해서 그야말로 오복을 불러들이지도 모른다. 그렇게 골목 안, 숲속의 양품점이 오복을 누린다면 그 복은 당연히 숲을 가꾼 주인 할머니가 먼저 누려야 마땅할 것이다. 그래서 나는 이 집을 '오복 농원'이라 부르기로 했다.

아침저녁으로 산들바람이 불기 시작한 요즘, 계절이 주는 우수 때문인지 내게는 작은 걱정거리 하나가 생겼다. 화분 속에 뿌리를 내린 나무들은 돌보아주는 사람이 없으면 죽을 수밖에 없다. 그 속이 곧 우주인 셈인데 우주를 다스리는 절대자―주인 할머니는 오복을 다 누린다 해도 나무들 만큼 오래 살 수가 없다. 그래서 물 주고 거름 주고, 추위에 약한 나무에게는 겨울옷을 입혀주기도 한다는 할머니가 언제까지 오복 농원을 돌볼 수 있을지가 걱정인 것이다. 그렇다고 가는 세월을 잡을 수는 없다.

곧 겨울이 오면 오복 농원에도 눈이 쌓이고 나무들은 겨울잠에 빠져 봄날의 로맨스를 꿈꿀 것이며, 주인 할머니도 절대자의 소임에서 잠시 벗어나 한가한 날을 보내겠지만, 나는 눈 쌓인 골목을 걸으며 그 삭막한 오복농원에 어서 봄이 오기를 고대하게 될 것이다.

올 부터라도 겨울은 좀 더디 왔다가 빨리 갔으면 좋겠다.

미당未堂

내가 미당 서정주 선생을 처음 뵌 것은 1982년 가을 어느 날 경기도 광주에서였다. 고등학교 시절, 교과서에서 배운 「국화 옆에서」의 그 시정詩情에 매료되어 전설 속의 시선詩仙으로만 여기며 흠모해오던 바로 그 시인이 이웃에 있는 친구의 도자기 공방에 도자기를 만들러 오신다는 것이었다. 가슴이 설레어 긴긴밤을 지새운 다음날 팔당호 에 가서 잉어 한 마리를 사들고 친구의 공방으로 갔다. 나는 40대 중반에 접어든 그때까지도 문단에 이름을 올리기는커녕 그럴 엄두조차 내지 못하고, 동서고금의 문학작품을 손에 잡히는 대로 남독이나 하는 문학 애호가에 불과했던 터라 그런 어른을 직접 뵙는다는 것만으로도 오금이 저렸다.

선생의 작업실은 공방에 딸린 친구네 집 안방이었다. 한눈에 미당 선생임을 알아볼 수 있는, 중국식 비단마고자에 이마가 훤한 노인은 소반위에 초벌구이 항아리를 올려놓고 글씨를 쓰고, 곁에 앉은 두 중년은 그 항아리를 받아 그림을 그리고 있었다. 소반 곁에는 깡통맥주 상자가 놓였는데 노인은 그걸 한 깡씩 마셔가며 작업을 계속하고 있었다. 나중에 안 일이지만 두 중년 중의 한 분은 재불 화가 이항성 화백, 다른 한 분은 서울대학교 치과대학 교수이자 미당 선생의 큰 아드님과 고등학교 동창이라는 김수경 교수였다.

이슥고 점심시간이 되어 밥상이 나오자 친구가 나를 불러 일행에게 소개했다. 상에는 내가 사온 잉어가 매운탕이 되어 올라 있었다. 친구의 부인이 잉어는 내가 사온 것이라고 고하자 선생은 고맙다는 인사와 함께 특유의 그 구수한 입담으로 추억담 하나를 공개하는 것이었다.

" 내가 옛날에 동리(소설가 김동리)하고 창경원 연못에 가서 잉어를 잡아다가 그걸 안주해서 술을 마시는데 맛이 얼마나 좋던지……."

모두가 의아한 얼굴을 하자,

"아, 왜놈들이 우리 왕궁에 동물원을 만든 것이 어찌 부애가 나던지……. 그래봐야 나는 바구니나 들고, 잉어는 동리가 잡았어." 하며 껄껄 웃었다.

점심이 끝나자 나는 선생 곁에 앉아 시중들기를 자청하며 초벌구이 그릇을 소반 위에 올려드리는 일, 안료의 농담을 조

절해드리는 일 등을 도왔고, 그 일은 사흘이나 계속되었다. 이후로도 일 년에 한두 번 꼴로 몇 해 그런 작업이 계속되었는데 그럴 때마다 나도 조수 일을 했다. 그러던 어느 날인가는 내가 하는 짓이 기특하셨던지 시를 써 보라고 권하기도 했다. 그 일이 인연이 되어 나는 해마다 남현동 선생의 자택 '문치헌聞雉軒' 으로 세배를 다니게까지 되었는데 그 무렵, 선생은 월간 문예지 ≪文學精神≫을 창간하고, 이듬해에 나는 규정대로 수필 세 편을 그 잡지에 응모하여 수필가의 반열에 이름을 올리게 되었다.

선생이 세상을 떠나신지 올해로 11년째가 된다. 며칠 전, 문우 십여 명이 선생의 고향 고창에 있는 서정주 문학관을 찾았다. 황토벽에 초가를 올린 생가에서는 초등학생 수십 명을 뜰 위에 앉혀 놓고 한 여선생이 미당 선생의 생애를 소개하기에 열을 올리고 있었다. 어느 불교 단체의 여름학교 학생들이라는데, 여선생의 열강에 이끌려 귀동냥을 하다가 깜짝 놀랐다.

"여러분, 오일팔 광주 항쟁 때 전두환 대통령이 수많은 광주 사람들을 죽인 것 알지요?",

"네",

"그 전두환을 찬양한 사람이 바로 서정주 선생님이에요. 또 일본 사람들이 우리나라 사람들을 끌어다가 일본군인을 만들어 전쟁터로 보낼 때 그걸 권고하고 찬양하는 글을 쓴 사람이 서정주 선생이랍니다. 그게 잘한 일인가요, 잘못한 일인가요?"

대개 이런 식의 강의였다. 하지만 열혈 여교사의 입담을 감안하면 아이들의 표정에는 일말의 의구심을 숨길 수 없어 당혹스러워하는 표정이 역력했다. 그렇게 나쁜 사람의 기념관을 왜 만들었으며, 생가는 왜 보존하는지 의심스럽기도 할 것이었다. 그렇게 선생의 명성을 폄훼할 바이면 어린 학생들을 굳이 거기까지 데리고 온 의도는 무엇일까? 주변 사람들의 표정을 보니 심경이 착잡한 것은 나뿐이 아닌 듯했다.

폐교가 된 건물을 개조해 만든 기념관에서는 마침 선생의 추천으로 시인이 됐다는 초로의 신사가 수십 명의 일반인들을 앉혀 놓고, 여선생과는 딴판으로 '한국의 괴테', '언어의 마술사'를 외쳐가며 미당의 위대성을 역설하고 있었다.

전시실에는 꽤 많은 자료들이 전시돼 있었다. 전시물들 중에는 내가 세배갔을 때 서재에서 본 물건들이며, 도자기 공방에서 내가 시중을 들어 구운 도자기, 우리 집 거실에도 걸려 있는 「국화 옆에서」의 첫 연을 붓글씨로 쓴 액자와 같은 내용, 같은 크기의 편액도 몇 점 있어 반가웠다. 그러나 선생을 친일인사로 규정한 근거가 됐을 신문의 글들과, 전두환의 생일을 지나치게 경축한 헌시 등이 걸린 벽면 앞에서는 나 또한 아까 본 아이들만큼이나 혼란스러웠다.

문득 도자기 공방 시절의 한 장면이 떠올랐다. 아직 초등학생이던 친구의 딸이 선생께 물었다.

"할아버지, 미당이 무슨 뜻이에요?"

선생의 대답.

"아직 덜 된 사람이란 뜻이란다."

나는 미당未堂을 속으로 되뇌며 전시실을 나섰다. 어차피 인생에 완당完堂이란 없을 터였다.

포장술

지난 설밑에 선물 상자 하나가 배달되어 왔다. 유명 백화점 로고가 선명한 가방이었다. 손잡이 끈 두 개를 겹쳐 들게 되어 있는 네모반듯한 가방의 지퍼를 열자 하얀 스티로폼 상자가 나왔다. 역시 백화점 로고가 찍힌 밴드를 어렵사리 뜯어내니 내용물이 비단보자기에 싸여 있었다. 아이들 혼사 때 사돈댁과 주고받은 혼례품 생각이 날 만큼 품위가 있어 보이는 보자기였다. 솜씨 좋게 묶은 매듭을 풀자 투명한 랩에 싸인 등나무 채반이 나왔다. 채반에는 지푸라기에 엮인 굴비들이 얇은 스티로폼 요를 깔고 올망졸망 누워 있었다. 상표를 보니 영광굴비였다.

가는 곳마다 생선트럭이 나타나서 확성기로 외쳐대는 그 많은 영광굴비가 다 영광 앞바다에서 잡은 것인지가 늘 미심쩍던 터이지만, 보낸 이의 정리로 보나 그걸 배송해온 백화점의 성가로 보나 보물상자 같은 포장으로 보나, 진품 여부를 의심하는 것은 내 인품의 본색만 들어내는 꼴이 될 것이었다.

이런 종류의 선물꾸러미는 포장을 풀고 보면 그 뒤처리가 문제였다. 지퍼까지 달린 번듯한 가방하며 공예품 같은 등나무 채반을 버리기가 아까워 챙겨두어 봐도 별 쓸모가 없었다. 이미 집안 이 구석 저 구석에 처박혀서 애물이 된 게 여러 개다. 스티로폼 상자며 풀 자루 같은 냉매 주머니까지 합치면 그 부피가 굴비 열 마리의 열 배도 더 되는 멀쩡한 물건들을 돈을 내고 버려야한다. 나는 그것들을 버리는 게 죄를 짓는 것 같아 군소리 없이 그 일을 해본 적이 없다. 보낸 이의 정리를 생각하면 절이라도 해야 할 판이지만, 그 낯가죽 두꺼운 상혼에는 치미는 울화를 삭히기가 어려웠다.

옛날에는 명태를 말려 북어를 만들듯이, 조기를 말려서 만든 것이 굴비였다. 짚으로 엮어 말린 조기를 동네 구멍가게에 가서 한 마리씩도 살 수가 있었다. 나도 자취를 하던 고학생 시절에는 석유풍로에 밥 앉혀놓고 구멍가게로 뛰어가 알밴 굴비 한 마리 사다가, 구워 먹거나 시간이 없으면 북어처럼 날로 뜯어먹기도 했다.

서해 연근해에서 잡아 영광 바닷바람에 말린 것이 영광굴비다. 아직 다 자라지도 않은 국적불명의 조기를 소금에 절여 영광굴비라고 추켜세우는 것도 아니꼬운데, 무슨 귀중품인양 호화포장까지 해서 자원을 낭비하고 공해까지 일으킬 걸 생각하면 나는 인품의 한계를 드러내지 않을 수가 없다.

굴비상자를 풀 때부터 내 입에서 또 무슨 소리가 나올지를 빤히 알고 있었을 아내는 엮인 굴비들을 풀어 냉장고로 옮기면서도 힐끔힐끔 내 눈치를 살폈다. 번번이 죄 없는 아내에게 화풀이를 한 것이 미안하여 이제는 참기로 한다.

요즘은 포장을 보고 물건의 가치를 가늠하는 것이 세태라 웃지도 못 할 일도 벌어진다. 어느 주부가 자고나서 보니 밤사이에 화장대 위에 있던 보석함이 없어졌다. 다행히 싸구려 장식품들로 그득한 보석함만 가져가고 정작 자기 전에 화장대 바닥에 빼놓은 다이아반지와 귀고리는 그대로 있는 것이었다. 칠보 함에 넣어도 모조품은 모조품, 화장지로 싸도 보석은 보석이다. 도둑 치고는 서툰 도둑이었던 모양이다.

혼기가 찬 아들딸을 둔 부모들이 처녀를 두고 하는 말이 있다. 스물다섯 살 이전이면 금, 서른 살 이전이면 은, 서른 살을 넘으면 구리라는 것이다. 나는 이제 장가들일 아들도 없으면서 처녀들을 보면 금인지 구리인지를 가늠해보던 예전 버릇을 버리지 못하고 있다.

며칠 전이었다. 버스 옆자리에 젊은 여성이 앉았다. 나는 그녀가 '금'이란 것을 한눈에 알아봤다. 화장기 없이도 해맑고 앳된 얼굴이며 윤기가 흐르는 생머리, 무엇보다도 모기장처럼 낡은 청바지가 그랬다. 헐렁한 하얀 면 티셔츠에 속살이 훤히 들여다보이는 넝마 같은 바지를 입고도 거리낌이 없었다. 처녀는 마치 차 안에 있는 중 노년들의 화려한 의상을 비웃기라도 하는 것만 같았다. 나는 속으로 무릎을 쳤다. 값 비싸고 화려한 포장재를 쓰지 않고도 이만큼 자신의 가치를 들어내다니, 이거야말로 기막힌 포장술이로구나! 어지간한 자신감 가지고는 안 될 일이다. 신세대 총각들 눈길을 사로잡기에 이보다 더 좋은 포장술도 없을 것이다. 요즘 젊은 여성들 간에 선풍을 일으키고 있는 '하의 실종' 패션도 같은 맥락일 것이다. 자신감이 없을수록, 내용물이 부실할수록 포장만 요란하다.

얼마 전에 아내 따라 백화점에 갔다가 남방셔츠 하나를 샀다. 세계적으로 유명한 청춘의 심벌, 불루진 회사에서 만든 것이다. 손자뻘쯤 되는 아이들이나 좋아할 셔츠지만 그걸로 포장을 하면 나도 청춘이 될 것 같아 입고 나갔더니 보는 사람마다 젊어 보인다고 했다. 기분이 좋다가도, 내용물이 가당찮다는 걸 다 알면서 하는 인사치레라는 데 생각이 미치면 씁쓸해진다.

가련한 포장술이다.

수컷

도봉산 전철역은 1호선과 7호선이 만나는 곳이라 상행선은 7호선 환승 통로가 있는 후미 쪽으로 타야 자리가 난다. 나는 아침마다 후미 쪽 승강장 바닥에 그려 있는 지팡이 그림을 밟고 서서 전동차를 기다린다. 매일 출퇴근을 하면서 터득한 요령이다.

늙은이가 그토록 좌석에 연연하는 것이 체신없고 착살맞아 보일지 모르지만 그렇게라도 하지 않으면 종로3가까지 40분 까까이나 서서 부대껴야 한다. 그쯤 서서 간들 못 견딜 건 없지만, 그러다가 혹시 어느 기특한 젊은이가 자리를 양보라도 하면 내내 마음이 편치 않고, 엄연한 노약자석을 멀쩡한 젊은이들에게 점령당한 채 서서 가는 날은 세태가 야속하여 하루 종일 속이 상한다. 언젠가 멀쩡한 젊은 녀석들이 노약자석에 앉아, 통로에 주저앉은 시골풍의 할머니도 못 본체하고 시시덕거리기에 보다 못해 몇 마디 꾸짖었더니 그 중 한 녀석이 내 머리통을 쥐어박고 도망친 기억까지 되살아나 분노를 금할 수가 없는 것이다.

그 날도 그렇게 인천행 열차를 탔는데 지팡이 그림을 지킨 보람이 있어 노약자석에 자리 하나가 나 있기는 했다. 그러나 세 사람이 앉을 자리에 두 사람이 앉았을 뿐, 비어 있다고 할 형편이 아니었다. 달마 대사 같은 부리부리한 눈 위에 검고 긴 눈썹이 초가지붕처럼 덮힌 거한巨漢 하나가 두 무릎을 한껏 벌린 채 버티고 앉아 있어 구석 자리에 앉은 할머니는 바위에 치인 듯한 형상이었다. 어쨌든 산술적으로는 출입문 쪽 자리 하나가 비어 있는 셈이지만 애완용 강아지나 한 마리 앉히면 모를까 사람이 앉을 만한 공간은 못 되었다. 그렇다고 엄연히 비어있는 자리를 두고 서서 가기는 억울했다. 게다가 그 거한은 외모로 보건대 아직 경로 우대를 받을 나이가 아니었다. '우대'를 받기 시작한 지도 다섯 해가 넘은, 중견급의 유자격자가 자격이 의심되는 인사에게 2인분의 권리를 침탈당하는 일은 다른 노약들의 권익뿐만 아니라 청소년 교육을 위해서라도 막아야 한다. 그래, 당장은 서서 가는 노약자가 곁에 있는 것도 아니니 한 자리쯤은 묵인한다 하더라도 남은 한 자리까지 포기하여 무자격자에게 분수 밖의 편의를 제공할 수는 없었다.

"좀 같이 앉읍시다."

심기를 건드릴 엄두가 나지 않아 목소리를 한껏 부드럽게 가다듬어 협조를 구했건만 거한은 눈을 뒤룩거리며 시늉으로만 몸을 조금 움칫했다. 반쪽만 남은 좌석 틈서리에 간신히 엉덩이를 걸쳤지만 차라리 서서 가는 편이 나을 것 같았다. 그래도 권리는 지켜야 한다. 양보를 해도 해야 할 경우가 따로 있다. 저렇듯 염치를 모르는 사람에게 속절없이 2인분의 권리를 내주는 것은 양보가 아니라 비굴이다. 어설프게 자리 하나를 지키기는 했지만 생각할수록 솟구치는 굴욕감을 꾸역꾸역 삼키며 가다 보니 거한의 우람한 팔뚝과 앞가슴에도 검은 털이 무성했다. 그나마 말조심하기를 잘했다는 생각이 들었다.

손에 들린 신문은 펼칠 엄두도 못 내고 엉거주춤 하고 있는 동안 차가 창동역에 닿자 건너편에 앉았던 할머니 하나가 내렸다. 얼른 그 자리로 옮겨 앉아 자세를 바로잡고 건너다보니 성장한 중년 여인이 내가 앉았던 자리 앞에서 거한에게 뭐라고 말을 걸고 있었다. 다음 순간, 그 바위덩이 같던 거한이 거짓말처럼 몸을 움츠리는 게 아닌가. 여인은 큰 불편 없이 자리를 잡았다. 그렇게 보아서 그런지 거한의 입 꼬리가 달마대사의 웃는 모습을 닮아 있었다.

사무실에 가서 습관대로 커피 한 잔을 타 들고 컴퓨터부터 켰다. 화면이 열리기를 기다려 이리저리 뒤지다 보니 이상한 문구가 떴다.

'찍벌 남, 딸깍 녀'

대학생들이 꼴불견 1위로 꼽는 이성을 서로 그렇게 부른다는데, 전동차 안에서 다리를 쩍 벌리고 앉아 옆 사람에게 불편을 주는 남자를 쩍벌남, 때와 장소 가리지 않고 딸깍딸깍 요란하게 구두 굽 소리를 내는 여자는 딸깍녀라고 한다는 것이다. 내친 김에 조금 더 읽어 보니 '쩍벌남'에 대한 심리 분석이 그럴 듯했다. 동물들은 각기 자기 영역을 가지고 있어 다른 무리가 침범하면 가차 없이 응징하는 습성이 있는데, 특히 수컷들은 자기가 거느린 암컷들을 지키기 위해서라면 목숨도 아끼지 않는다고 한다. 호랑이나 사자가 반경 100킬로 밖에까지 배설물을 남기고, 개가 한쪽다리를 들어 한껏 높은 위치에 소변을 뿌리는 것은 큰 체구와 힘을 과시하여 무리와 암컷을 지키려는 본능적 행위인데, 쩍벌남의 행태도 그런 동물적인 습성에 다름 아니라는 것이다.

전동차 안에서 본 '달마대사'가 떠올랐다. 내가 앉을 때와 중년 여인이 앉을 때의 행동거지가 판이했던 까닭도 수컷 기질에서 비롯된 것이었다면, 내가 아직도 경계해야할 수컷 대접을 받고 있는 셈인가 싶어 혼자 웃었다.

하기야 늙어도 수컷은 수컷이다.

병원과 경찰서

통금 위반으로 두어 번 경찰서 유치장 신세를 지고 난 다음부터는 경찰서 앞을 지나려면 죄 없이 오금이 저렸다. 정문 앞에 방망이 찬 경찰관이 버티고 선 그 건물부터가 염라대왕의 궁전처럼 으스스해 보이던 것이다.

경찰서 다음으로 꺼려지는 곳이 병원이다. 병원은 죄인을 다루는 곳이 아닌데도 내가 그 곳을 사법기관처럼 느끼는 것은 스스로 켕기는 구석이 있기 때문이다. 의사 치고 술, 담배를 권하는 이는 없는데 나는 사계의 권위자를 차처해도 이의를 제기할 사람이 없을 만큼 골초에 주태백이니 떳떳할 리가 없다.

우리 나라에도 의료보험 제도가 정착되어 한 해 걸이로 건강검진 혜택을 받게 되었지만, 처음 몇 해 동안은 검진을 받으러 가기가 겁이 나서 그 혜택을 극구 사양했다. 담배 속에는 수 천 가지의 발암물질이 들어 있고, 술도 지나치게 마시는 것은 자살 행위라고 아무리 으름장을 놓아도 나는 무슨 특권층이기나 한 것처럼 피우고 마셔댔으니 검진을 받아봐야 사형 아니면 시한부 인생 선고를 면하기가 어려울 것이 뻔했기 때문이다. 그렇다고 검진을 사양하고 버티는 심사가 노상 편한 것만도 아니었다.

—술, 담배에는 그것을 즐김으로써 얻는 이점도 있다. 사교, 긴장 완화, 기분 전환, 스트레스 해소… 이따위 그럴듯한 핑계를 앞세워 피우고 마셨으면서도 자꾸 겁이 나는 것은 무슨 조화란 말인가. 문득, 모 국립대학병원장을 지낸 L 박사의 말이 떠올랐다. 어느 날 술자리에서, 의사이면서 술을 즐기는 이유를 물으니,

"그러니까 의사가 하라는 대로만 하지 의사 하는 대로 따라 하지는 마시오."

하며 웃었다. 하기야 의사는 술을 마셔도 나처럼 밑 빠진 독에 물 붓기는 아닐 터라 군소리 한 마디 못했다.

'이제 나이도 어지간히 들었고 같은 나이에 먼저 세상을 떠난 사람도 적지 않으니 기왕에 수십 년 즐기던 술, 담배를 끊고 처량하게 지내느니 몇 년 덜 사는 한이 있더라도 원 없이 즐기다가 가리라' 하는 오기로 검진 혜택을 포기한지 몇 해가 지나자, 검진을 받지 않은 사람은 정작 큰 병이 나도 의료보험 혜택

을 박탈한다는 것이었다.

때마침 의료보험공단에서 검진 받으라는 통지서가 왔다. 비싼 보험료를 꼬박꼬박 다 내고 혜택을 못 받는 것은 처자식에게까지 누가 되는 일이라 불가불 병원엘 가야 할 모양인데 영 자신이 없었다. 병원에 가서 끔찍한 '선고'를 받지 않으려면 좋은 몸 상태를 만들어 가지고 가야 할 것 같았다. 당장 술을 삼가고 담배도 줄이면서 며칠을 견뎠다. 안내서의 지시대로 아침밥도 굶은 채 비장한 각오로 병원으로 갔다.

죄인이 자신의 죄를 은폐하거나 축소하고 싶은 것은 인지상정이다. 여러 가지 검사가 끝나고 마지막으로 의사의 문진을 받을 때는 형사 앞의 피의자 심정으로 끽연과 음주량을 반으로 줄여서 아뢰었건만, 담배는 끊고 술은 반으로 줄이라는 선고를 받았다. 듣고 보니 백해무익한 담배를 50년 가까이 피었고, 술도 같은 기간, 아니 그보다 더 긴 기간 동안 적정량의 4배를 마신 셈이었다. 그 정도면 가히 대역죄에 해당할 것이 분명한 죄인을 더 추궁하여 당장 체포하지 않고 방면하는 젊은 의사 선생님이 눈물겹게 고마웠다.

판결을 기다리는 죄인의 심정으로 며칠이 지나자 검진 결과 통지서가 왔는데 보기도 전에 걱정이 앞섰다. 지적 사항이 한두 가지가 아닐 것이 분명한데 아내나 아이들에게 무엇을 숨기고 어디까지 알려야 하나… 그러나 통지서를 살펴나가면서 내 눈을 의심했다. 모두가 정상이라니? 흉악범이 무죄 방면된 기분이 이런 것일까? 술, 담배 끊으라고 성화를 하던 아내에게 내밀어보이며 거드름을 피운 것은 물론이었다.

그렇게 2년 주기로 세 번째 받은 검진에서 마침내 올 것이 오고야 말았다. 대장 검사를 다시 받으라는 것이었다. 거드름 피운 것이 겸연쩍어 아내에게는 숨긴 채 냉가슴을 앓으면서도 겁이 나서 선뜻 병원 문을 두드리지 못하고. 인터넷을 뒤져 대장에 올 수 있는 여러 질병을 살펴보니 내 생활습관이나 식생활에 비추어 암일 가능성이 가장 컸다. -기어이 벌을 받게 되는구나!

그렇게 차일피일 하다가 지방에서 열리는 문학세미나에 다녀오는 길에 천안에서 오신 C 선생의 권유로 천안에서 내려 술자리로 안내되었다. 모두가 낯익은 문우들인데 유독 젊고 낯선 신사가 한 분 있었다. 근동에 명의로 소문난 '똥꼬 의사' N박사라고 했다. 수필가이기도 한 N박사는 처음 보는 나를 십년지기처럼 반기더니 내가 대장에 문제가 있다는 말을 듣고는 최 선생과 합세하여 여관까지 잡아주며 내일 자기 병원에 와서 검사를 받고 가라는 것이었다.

다음날 자수하는 심정으로 병원으로 갔다. N원장의 지시에 따라 특실로 안내한 간호사는 가루약 몇 봉지와 500cc 물병을 주며 한 병에 한 봉지씩 타서 여덟 병을 4시간 안에 마시라는 것이었다. 막걸리 마시던 실력이 병원에서 그렇게 요긴하게 쓰일 줄은 몰랐다.

분주히 화장실을 들락거린 끝에 수술실로 불려갔다. 똥꼬 박사는 역시 그 계통에 능숙했다. 위와 장을 이 잡듯이 뒤지더니 모니터를 보여줬다. 핑크색의 아름다운 터널 속에 돌기가 몇 개 돋아 있었다. N박사는 내친김에 떼어내자며 보조원들과 한참 만에 작업을 끝내더니 일어나라고 했다.

하루 밤을 병원에서 자고 돌아온 지 며칠 후에 전화가 왔다.

"선생님, 똥꼬 의삽니다. 축합니다. 검사한 거 걱정 안 하셔도 됩니다."

이걸 훈계방면이라고 해야 할지 특별 사면이라고 해야 할지…. N 박사가 하느님 같아 큰절이라도 올리고 싶었다.

올해에도 검진 통지서를 받았는데, 병원은 벌주는 곳이 아니건만 아직도 미적거리고 있다. 내 몸에게 지은 죄가 있기 때문이다. 언제나 철이 들려는지…

텐징의 등

세계 최고봉 '에베레스트'의 본래 이름은 티베트어로 '초모룽마'(세상의 어머니)였는데, 후에 인도 정부의 측량국장을 지내면서 초모룽마의 높이를 처음 계산해 낸 영국인 '에베레스트' 경의 이름을 따서 그렇게 부르게 된 것이라고 한다.

인간은 워낙 지배욕, 명예욕이 강한 동물이라 1924년, 성층권 밖으로 솟아 있는 8848m의 그 봉우리를 정복하려다가 정상을 200m 앞두고 실종된 조지 말로 말고도 숱한 사람들이 목숨을 잃었다.

마침내 '세상의 어머니' 정수리에 첫 발자국을 찍은 사람은 뉴질랜드 출신의 에드먼드 힐러리로, 인간이 처음 등정을 시도한 지 33년만인 1953년의 일이었다. 힐러리는 영국 정부로부터 기사 작위를 받으며 일약 영웅으로 떠올랐다. 그런데 전 세계의 매스컴을 장식한 기념사진 속에는 이상하게도 힐러리의 모습이 보이지 않았다. 그의 등정을 도운 세르파 텐징 노르가이 혼자만 영국, 네팔, 인도, 유엔기가 달린 피켓을 들고 서 있었다. 많은 사람들이 의문을 제기할 수밖에 없었는데. 힐러리 경의 해명은, 텐징에게 카메라 조작법을 일러줄 여건이 아니었기 때문이라는 것이었다.

경위야 어찌 됐든, 텐징의 사진이 정상 정복에 성공한 유일한 증거임에도 불구하고 그에게 주어진 훈장은 2등급에 해당하는 조지 십자훈장이었다. 하기야 국적도 분명치 않은데다가 일자무식인 텐징으로서는 먹을 수도, 입을 수도 없는 그까짓 훈장보다 차라리 돈을 몇 푼 더 받는 편이 나았을 지도 모르는 일이다.

힐러리는 이를 계기로 텐징의 고향 네팔에 30여개의 학교와 2개의 병원을 세우고 100여 명의 학생들에게 장학금을 주는 등 네팔 국민에게 봉사했다. 그가 현지에 머무는 동안 본국에서 그를 만나러 오던 부인과 딸을 비행기 사고로 잃기까지 했지만 그 슬픔도 잊고 여생을 봉사로 일관했다.

힐러리와 텐징의 에베레스트 등정에 얽힌 미스테리가 풀린 것은 사건 이후 반세기, 텐징이 죽은 지도 13년이 지나 힐러리의 나이 80이 된 1999년이었다. 힐러리 경은 자서전 〈정상에서의 풍경〉 속에 이렇게 썼다.

"진정한 영웅은 텐징이다. 나는 여러 차례 죽을 고비를 넘겼다. 그는 정상을 눈앞에 두고 30분이나 기다렸다. 그리고 마지막 순간에 영광을 나에게 양보했다. 그는, '셰르파인 나는 언제라도 정상을 밟을 수 있다. 그러나 당신에게는 이 순간이 다시 오기 어려운 소중한 기회다.' 라고 말했다."

텐징이 힐러리를 기다린 곳은 정상을 불과 12m 앞둔 수직 빙벽 앞이었다. 체력이 다해 실신 직전에 있는 힐러리가 정신이나마 차리기를 기다렸다가 둘의 몸에 밧줄의 양 끝을 동여맨 텐징은 맹수처럼 빙벽을 기어올라 마침내 인류 최초로 정상에 선 것이다. 이후 사람들은 이 빙벽을 '힐러리 스텝' 또는 '텐징의 등'이라 부르게 됐다고 한다.

우리나라 산악인이 에베레스트 등정에 성공한 것은 1977년 고상돈이 처음이었다. 전 세계를 통틀어 14번째라고 한다. 뒤를 이어 정상을 밟은 사람이 여럿이지만 그 중의 몇 사람은 신비의 만년설 속에 영원히 잠들어버리기도 했다. 내 힘으로는 해발 2000m도 올라본 적이 없는 나로서는 엄두도 못 낼 일들이다. 에베레스트 최초의 희생자로 기록된 조지 말로는 이런 말을 남겼다.

"산이 있어 그곳에 간다."
"정상은 내려오고 나서야 비로소 내 것이 된다."

그러고 보니 힐러리는 등정보다 하산을 잘한 영웅이란 생각이 든다.

그러나 나는 녹초가 된 힐러리를 매달고 빙벽을 기어오르는 텐징의 그 처절한 환상을 머리 속에서 지울 수가 없다. 그는 모든 것을 다 양보하고도 끝내 그 사실을 숨긴 채 눈을 감았다. 그에 비하면 텐진이 죽은지 13년이나 지나서야 진실을 밝힌 힐러리가 주는 인상은 초라하기 짝이 없다.

요즘, 매서운 한파, 뒤숭숭한 인심 속에서도 잠룡潛龍과 그 추종자들은 정상을 노리며 우글거리는데, 그 판에서는 텐징 같은 의리도, 하다못해 힐러리 같은 양심도 찾아볼 수가 없다.

토끼해가 밝았다, 우화 속의 토끼가 거북이와 경주할 때 잠자던 자리가 '텐징의 등'밑이었다고 믿고 싶다. 실수로 잠든 것이 아니라 일부러 양보한 것이라고 우기고 싶다.

중간 마을

동파육에 백주마시고

글로벌 키즈

편지

우리 시대의 토끼

선택

꿈 지키기

육이오

남창

푸르른 날

벗어 보이기

중간 마을

문학 기행이란 그럴듯한 명목으로 대마도엘 다녀왔다

대마도는 역사적으로 우리나라와 악연이 깊은 곳이라 볼거리 들을 거리가 많았는데, 당년 82세라는 가이드 송 할머니의 동서고금을 자유로 넘나드는 해박한 지식과 잠시도 쉴 틈이 없는 입담이 본인의 말대로 가히 국보급이어서 들을 거리가 더 많았다.

독도는 멀어도 우리 땅이지만, 대마도는 가까우면서도 일본 땅이라 장례문화부터 달랐다. 우리나라 같으면 호화 분묘 하나 들어앉기에도 턱없이 좁은 면적에 대여섯 가문이, 그것도 여러 大代의 조상들을 합사한 석조 묘가 가는 곳마다 올망졸망 어깨를 비비며 다정한 이웃을 이루고 있었다. 둘째 날 아침 우리가숙소를 정한 야소반 별장 앞에서 대절 버스를 기다리는

데 마침 그 근처에서 다섯 가문의 유택들이 늘어 선 묘지가 있어 돌아보게 되었다.

기단이나 비석에 새겨진 성씨들 중에서도 '中村'이 유독 눈길을 끌었다. 문득

"형편 나카무라 상이군!" 하는 일본말이 떠올랐기 때문이다.

욕설인지 동정인지 분간이 안 가는, 그 난해한 말을 처음 들은 것은 60년 전의 일이었다. 그 소리를 들을 때의 정황이나 상대방의 표정으로 미루어 그것이 결코 우호적인 말이 아니라는 것은 분명했지만 '나카무라(中村)'는 일본인들 중에 흔한 성씨이고 '상'은 우리말의 '씨氏' 쯤에 해당한다는 정도만 짐작할 뿐이었다. 그렇다면 '나카무라 상(中村 氏)'이 무얼 어쨌다는 것인지,

그것이 왜 욕설 아니면 힐난이 되는 것인지 아직도 그 뜻을 모르고 있었던 것이다.

옆에는 마침 '국보급' 할머니 가이드 송 여사가 오늘 따라 그 청산유수 같은 달변達辯을 멈춘 채 숨을 고르고 있었다. '中村' 가문의 비석을 가리키며, 우리나라에 '형편 나카무라 상'이라는 말이 있는데 그게 무슨 뜻이냐고 물었다. 기다렸다는 듯 송 여사의 설명이 쏟아져 나왔다.

거기에는 두 가지 설이 있다. 그 하나는, 사람들이 마을을 이루어 살다 보면 윗마을 아랫마을 사이에는 중간 마을도 끼이기 마련인데, 윗마을과 아랫마을 간에 싸움이 일어났을 때 중

간 마을은 어느 편을 들어야 할지 난감해진다는 것이다. 그래서 어정쩡하게 처신을 하다 보니 양쪽에서 욕을 먹게 된 데서 나온 말이라는 것, 다른 하나는, 남자는 다리가 셋인데 가장 말썽을 자주 부리는 것이 가운데 다리라, 다리 같지도 않은 것이 말썽을 부리는 데서 생긴 말이라는 것이다. 송 여사는 장난스럽게 웃으면서 이렇게 설명을 끝냈다.

"한 마디로 우리나라 사람들이 ㅈ 같은 놈! 하는 것과 비슷한 말이지요."

듣고 보니 그 따위 상소리 한 마디 알아듣는데 60여 년이나 걸렸나 싶어 어이가 없었다. 하기야 마을이나 사내놈들이나 늘 중간 동네가 문제가 된 것은 사실일 터였다. 청일전쟁, 러일전쟁 때 대륙과 섬나라 사이에 끼인 조선반도가 그랬고, 정도의 차이는 있지만 조선 반도와 가까운 위치에 있는 대마도 역시 비슷한 수난을 겪었다. 우리가 관광코스로 잡은 러시아군 위령비나 몽고군을 물리치다 전사한 대마도주의 사당, 최익현 선생, 덕혜옹주, 풍랑으로 숨진 100여 위의 조선통신사 유적들이 따지고 보면 다 그런 범주에 속하는 역사의 증거물일 터였다.

에보시타케(烏帽子岳) 산정에서는 탁 트인 사방으로 겹겹이 늘어선 신록의 산들과, 허파 속으로 스며드는 맑은 공기와, 쪽빛 바다가 어우러져 원시적인 아름다움을 자아내고 있었다. 그곳이 남의 땅이라는 사실에 배가 아파 독도와 바꿨으면 했더니, 독도 해저에 고체 연료가 많이 묻혀 있어서 그럴 수 없다는 것이 일행의 중론이었다.

대마도는 한반도와 일본열도의 중간에 있으면서 일본 본토보다 한반도에 훨씬 가까운 섬이고 옛날에는 백제인이 건너와 마을을 이루고 살았으며, 대마도주가 우리 조정에 조공을 바친 적도 있었다는데, 당파싸움하는 동안에 형세가 역전되어 섬을 차지하기는커녕 오히려 우리 국토 전체를 36년 동안이나 강점 당하는 치욕을 당했으니 참으로 딱한 조상님들이다.

아직도 일본이 우리보다 잘살고는 있다지만 자존심 상하는 일은 또 있었다.

부산에서 히타카츠항 까지는 배로 한 시간 반이 채 못 걸렸는데, 입국할 때 일일이 지문을 채취하고 사진까지 찍는 바람에 그 시골 간이 역사 같은 입국장을 통과하는 데만 같은 시간이 걸린 것이다. 대마도는 지리적으로만 '나카무라'가 아니라 하는 짓도 '나카무라'상이었다.

그러나 중간 마을 대마도는 그런 것만 제외하면 경치 좋고, 공기 좋고, 물 맑고, 사람들도 친절한 섬이었다. 시청이 있는 이즈하라(嚴原)와 몇몇 관청 소재지를 제외한 농어촌에서는 사람 구경하기가 어려웠다. 한 때 대륙과 열도를 연결하는 중간상으로, 천혜의 바다를 이용한 진주양식으로, 더러는 해적질로 돈을 벌어서 지었다는 성채처럼 우람한 일본식 집들조차 인기척이 드물고 어쩌다 만나는 시골 사람도 우리나라 시골 아저씨보다 더 소박해 보였다.

시골 마을 어디를 가나 개발이라는 것을 모르는 천연의 섬이었다. 사흘이나 섬을 누비고 다니는 동안 개발 장비라고는 어느 가정집 정원에서 무슨 일인가를 하고 있는 미니포크레인 한 대를 본 것이 전부였다. 개발이란 명목으로 끊임없이 파헤쳐지고 있는 제주도를 생각하면 어느 편을 '나카무라 상'이라고 해야 할지 난감할 지경이었다.

한국이 지정학적으로 중간 마을인 것은 운명이라 지금도 일본과 중국 사이에서 무역전쟁, 기술전쟁을 치르기에 악전고투할 수밖에 없는 형편이지만, 그렇다고 형편까지 '나카무라 상'이 될 수는 없는 노릇이다.

동파육에 맥주 마시고

광활한 중국 땅덩어리를 생각하면 3박4일은 너무 짧은 여행이었다.

상해에서 하루 밤을 자고 소주蘇州를 돌아볼 때까지도 줄곧 우산을 들고 다녔는데 항주杭州에 이르니 햇볕이 따가웠다.

상유천당 하유소항上有天堂 下有蘇杭이란 말이 있을 정도로 항주는 인접한 소주와 더불어 중국인들이 선망하는 지상낙원이라고 한다. 조선족 안내원 김 양은 그 중에서도 명소로 꼽히는 서호西湖로 뱃놀이를 간다고 자랑이 대단한데, 그 호수를 소동파蘇東坡,蘇軾가 항주 시장 시절에 만든 것이라고 했다.

나는 소동파라면 당송팔대가唐宋八大家중의 한 사람이며 저 유명한 적벽부赤壁賦를 읊은 당대의 뛰어난 문인으로만 알고 있던 터였다. 그런데 송나라의 관리官吏 소식蘇軾이 이곳 시장으로 부임하여 홍수 예방, 관개용수 확보, 경관 미화 등, 다목적으로 이 호수를 조성하여 지금까지도 시민들의 추앙을 받는다는 것이다.

서호는 과연 경관이 아름다웠다. 안내원은 호수의 둘레가 얼마고 정자와 언덕이 어떻고 하며 설명이 장황했지만 나는 하나도 귀담아 듣지 못해다. 일행이 탄 작은 유람선이 물결을 가르며 호심으로 미끄러져 나가자 불현듯 적벽부의 도도한 시흥이 떠올랐기 때문이다.

나는 한 때 친구의 도자기 가마에 가서 적벽부를 써 넣은 백자 주병을 여러 개 만들어 친지들에게 선물도 하고, 나도 술을 담아 두고 마시면서 제법 호기를 부리기도 했다. 그러면서도 정작 소동파에 대해서는 이토록 무식한 줄 몰랐다.

마침 뱃머리에 앉아 필기에 열중하고 있는 김 선생의 수첩을 빌려 적벽부를 적어보려니 그것마저 가물거렸다. 겨우 첫 연의 마지막구, '우화등선羽化而登仙'에서 녹슨 기억력을 탄식하면서 필기구를 넘기고 말았다. 그래도 적벽 아래 배 띄우고 손님과 더불어 인생사를 논하며 밤새도록 마시다가 질펀하게 어질러진 배 위에서 서로를 베개 삼고 쓰러져 날이 밝는 줄도 몰랐다는 동파 일행의 그 주흥과 호연지기만은 고스란히 떠올랐다.

점심상에서는 두부 한 모를 4등분한 것 만한 삶은 돼지고기 한 덩이가 뚜껑 있는 탕기에 담겨 나왔다. 안내원 김 양이

생색을 내며 예고한 동파육東坡肉이었다. 소동파가 항주에 유배되었을 때 손수 만들어 먹던 음식이라는데, 젓가락을 대기가 조심스러울 만큼 푹 물러 부드러우면서 그 풍미가 입맛을 당겼다. 그러고 보니 의당 있을 법한 동파주東坡酒가 없는 것이 이상하고 아쉽기도 했다. 일행의 대표 격인 문 선생과 어제 휴게소에서 2.5리터 한 병에 5달러 주고 산 백주를 꺼내 곁들이니, 첫 날 고 선생과 조 선생이 비행기 안에서 수십 달러씩 주고 사와서 파티를 벌였던 발렌타인이 무색했다. 보기만 해도 니글거리는 비계 덩어리가 '동파육'으로 거듭나 백주白酒를 만나니 신선도 식탐을 낼만한 안주가 되었다. 이렇듯 소동파는 시문뿐만 아니라 서화書畵와 함께 요리 솜씨도 뛰어났다고 한다.

이에 비하면 다음 날 황포강 뱃놀이는 씁쓸햇다. 개혁 개방 이후 눈부시게 발전하여 집값이 서울의 강남보다 두 배나 비싸다는 상해의 강남이 자랑하는 100층이 넘는 빌딩숲과 휘황한 야경이 장관이었다. 그러나 시골풍의 내국인들이 막무가내로 질서를 무너뜨리는 바람에 승선장은 난장판이었다. 공평하게 살자는 공산주의가 되레 빈부의 차만 키웠다는 느낌을 지울 수 없었다.

첫날 보수공사 때문에 못 보았기에 다음 날 다시 들른 홍구공원의 윤봉길 의사 기념관과 노신魯迅기념관의 전시품이며 규모가 대조적인 것도 못내 씁쓸했다 노신은, 동족이 일본인에게 참혹하게 처형당하는 것을 뻔히 보면서도 무표정하기만한 중국인들 모습이 담긴 슬라이드 필름을 보고 큰 충격을 받아 그 무지와 무기력과 무관심을 일깨우고자 인술仁術의 길을 포기하고 펜을 잡았다고 한다. 노신이 인술로 인생을 마쳤다면 기념관 같은 것은 없을 것이었다.

우리가 문인을 자처하며 문학기행을 왔다고 생각하니 까닭 모르게 심란했다. 노신의 국가적 위상과 기념관 규모에 압도당했기 때문일 것이다. 노신 동상 앞에서 단체사진 한 장 찍어 가지고 돌아왔다.

오늘은 모처럼 단비가 내리고 있다. 동파육에 백주 마시던 생각이 나서 소동파의 적벽부나 다시 한 번 음미해 볼까한다.

글로벌 키즈

손자 녀석은 나이에 관심이 많다. 툭하면 날 보고 몇 살이냐고 묻는다. 엊그제 여섯 살 된 것이 자랑인 녀석이니, 늙은이는 나이 대기가 곤혹스럽다는 걸 알 리가 없다. 나는 나이 먹은 게 큰 죄나 되는 양 잔뜩 주눅이 든 목소리로 일흔일곱 살이라고 하면 녀석은 얼른 가늠이 안 되는지 잠시 눈을 깜빡이다가, 할아버지가 백 살이 되면 저는 몇 살이 되느냐고 묻는다. 그러면 나는 또 마치 내가 백 살까지 살기나 할 것처럼 녹슨 머리를 굴려 계산을 한다. 내가 일흔 한 살에 태어난 녀석이니 백에서 일흔 하나를 빼면 스물아홉, 그래서 스물아홉 살이라고 하면 사뭇 감격스러운 어조로,

"스물아홉 살이요?"

하고 되묻곤 한다. 백 살까지 살 가망이 없다고 공상조차

포기할 필요는 없다. 나는 녀석에게서 태어날 증손자를 상상하며 짐짓 맞장구를 친다.

"그럼, 스물아홉 살이 되면 장가도 갈 수 있고, 그리고 또…"

"그리고 또 뭔데요?"

날마다 변하는 세상에 20여년 후의 손자 녀석이 뭘 할지 얼른 생각나는 게 없어 얼버무리다가, 그건 네가 하고 싶은 대로 하라고 미루고 만다.

일요일 아침이었다. 손자 놈 재롱잔치에서 찍은 핸드폰 사진을 뒤지고 있는데 아내의 전화벨이 울렸다. 여행 가방을 챙기던 아내가 허둥지둥 전화기 폴더를 열더니 반색을 했다.

"아이고, 우리 수일 씨!"

어제 아이가 다니는 유치원에서 재롱잔치를 벌였는데 우리 아이가 '이수일과 심순애'란 프로에 이수일 역을 맡아 열연을 펼치는 바람에 감격해 마지않더니 하루 밤 사이에 이름까지 바뀐 모양이다. 꼭두각시 치마저고리를 입은 심순애가 검정 학생복에 검은 교모를 삐딱하게 눌러 쓴 이수일의 바짓가랑이를, 부여잡고,

"수일 씨 가지마세요!"

하고 애원을 하자 도도하게,

"놓아라, 바지 벗겨진다!"

하며 호통을 쳐서 관중의 폭소를 자아냈는데, 모두 네 쌍의 이수일, 심순애 중에서 당신 손주 '이수일'의 연기가 단연 압권

이었다는 것이 할미의 소신이니 그럴 만도 했다. 나도 마침 '수일 씨' 사진들을 보고 있던 터라 아내의 전화기에서 새어나오는 '수일 씨' 소리에 귀를 기우리지 않을 수 없었다.

"할머니, 아프리카 가세요?"

"그래, 할머니 갔다 올 동안 엄마, 아빠 말 잘 듣고 유치원 잘 다니고, 서경이도 잘 봐주고 있어!?"

기분이 잔뜩 들떠 있는 할미와는 달리 아이는 거의 울먹이는 듯했다.

"네, 그럼 할머니 탄자니아 가시는 거예요?"

"그래, 그런데 왜 울려고 해?"

"거기 가서 더러운 물 먹으면 병 걸려서 죽는대요."

녀석이 어디서 무슨 소리를 들었는지는 알 수 없지만 언즉시야言則是也라, 물 안 먹으면 되지 않느냐고 하니 물을 아주 안 먹어도 죽는다는 것이다. 그러자 이번에는 할미의 목소리가 울먹였다.

"오오라, 그래서 할머니 죽을까봐? 걱정 마, 우리나라 물 가져가서 먹을게."

곧바로 아이의 밝은 목소리가 넘어왔다.

"아- 그러면 되겠네,··· 할머니 물 꼭 가지고 가세요!

아내는 아프리카 아이들에게 줄 선물이라며 학용품을 따로 챙겼다. TV에서 하루에도 몇 번씩 보여주는, 거미 같은 팔다리에 눈만 퀭한 아프리카 아이들을 생각하면 손주 녀석과 나누는 지극히 평범한 일상적 교감조차 사치로만 느껴져 미안한 생각마저 들었는데, 아이도 그런 종류의 영상을 본 모양이었다.

유치원 아이가 탄자니아의 물 사정까지 아는 걸 보면 이들이야말로 다음 시대를 선도할 글로벌 키즈란 생각이 들었다. 그런 아이들에게 꿈을 심어주기는 커녕, "김중배의 다이아몬드 반지가…" 어쩌고 하는 신파극 대사를 수십 번 연습시켰을 것을 생각하니 행사를 대행한 이벤트사의 장사에 동원된 것만 같아 안쓰럽고 괘씸했다. 그래도 '수일 씨'는 기특하기만 하니… 이벤트 전문가들도 학부모들의 그런 심리를 노렸을 것이다.

할미는 기린, 코끼리, 코뿔소, 얼룩말, 사자 사진을 많이 찍어오라는 글로벌 키즈 '수일 씨'의 주문과 함께 감격을 한 아름 받아 안고 아프리카로 떠났다. 이제 녀석은 아프리카 꿈을 꾸며 할미를 기다릴 것이다.

편지

내가 사는 아파트 관리실 앞에 벽걸이우체통 하나가 걸려 있다. 500 세대나 사는 아파트 단지에 설치한 우체통 치고는 초라하기 짝이 없다.

처음 이 아파트에 입주했을 때까지도 편지나 원고를 쓸 때 육필을 고집하던 터라 그런대로 요긴하게 이용했는데 10여 년 세월이 지나는 동안 시대의 대세를 거스를 수가 없어 자연 그걸 이용할 일이 없어졌다. 우선 대부분의 원고청탁서가 타자, 전송을 요구한다. 게다가 받는 우편물 대부분이 정나미 없는 인쇄물들인데, 그나마 지극히 사무적이고 상업적인 것들뿐이어서 간혹 회답을 할 것이 있어도 컴퓨터나 휴대전화를 이용해도 결례가 되지 않는 시대가 온 것이다.

그래도 일반 우편을 이용할 일이 전혀 없지는 않아서 가끔

엽서나 편지봉투를 넣으러 갔다가도, 낡고 퇴색해서 고물상자가 된 우체통을 보면 용도가 폐기된 것이나 아닌지, 거기에 편지를 넣어도 제대로 전달이 될지 의심스러워 우체국으로 발걸음을 돌리곤 했다. 그렇게 세월이 흐르다 보니 이제는 그 존재조차 잊고 지낸다.

그래도 우편집배원을 만나면 반가운 건 예나 지금이나 변함이 없다. 며칠 전에도 귀갓길에 어쩌다 아파트 출입문 앞에서 집배원의 붉은색 오토바이를 만났다. 반가웠다. 기대에 부풀어 집배원이, 내 집이 있는 5,6호 라인의 서른 개 편지함 앞에 서서 집배원이 우편물들을 다 분류해 넣을 때까지 기다렸다. 일이 다 끝나고 보니 우리 우편함에는 신용카드 회사의 청구서 두 통 뿐이었다. 불현듯 정체 모를 외로움이 엄습해 왔다. 죄 없는 집배원의 등에 원망스러운 눈길을 보내며 오토바이 소리가 멀어질 때까지 망연히 서 있었다. 그러고 보니 얼마 전에 모 일간지에서 읽은 '정호승의 아침편지' 가 떠올랐다.

어느 시골 마을에 소년 하나가 살았다. 초등학교를 마치고 중학교에 가려니, 아버지가 머슴살이로 근근이 살림을 꾸려나가는 처지라 진학을 포기할 수밖에 없었다. 풀베기, 땔나무하기로 집안일을 도우면서도 공부하고 싶은 욕구만은 버릴 수가 없었다. 소년은 어머니가 다니는 교회에 가서 여러 날 기도를 해보았지만 소원은 이루어지지 않았다. 궁리 끝에 하나님께

직접 편지를 쓰기로 했다. 먼저 자신의 공부에 대한 열망과 가난한 가정 형편을 실토한 다음,,

“하느님, 저는 공부를 하고 싶습니다. 굶어도 좋고 머슴살이를 해도 좋습니다. 제게 공부할 길을 열어주세요.”

이렇게 쓴 편지를 봉투에 넣고 수신인 란에는 ‘하느님 전 상서’, 발신인 란에는 제 이름을 적어 우체통에 넣었다.

거둔 우편물을 분류하던 집배원이 소년의 편지를 발견했다. -하나님 전 상서? 난감했다. 수신인의 주소가 없으니 반송하거나 그냥 버려도 탓할 사람이 없을 터였지만 필시 무슨 사연이 있을 것만 같은 발신자를 생각해서라도 그럴 수는 없었다. 고심 끝에 수신인이 하느님이니 교회로 배달하는 것이 좋겠다 싶어 해남읍에 있는 어느 교회의 목사님에게 전했다. 마침 농촌계몽운동도 하고 있던 목사님은 소년을 불러 교회 일을 시키면서 중학교에 보내주었다. 소년은 은혜를 저버리지 않고 열심히 공부하여 목회자가 되었고, 나중에는 외국 유학까지 마치고 돌아와서 어느 신학대학의 총장이 되었다는 내용이었다.

문득 생각나는 편지가 또 있었다. 월남이 패망하여 이른바 ‘보트피플’들이 망망대해를 떠돌던 70년대 말, 대만의 어부가 남해의 무인도에서 13구의 뼈만 남은 시신들과 함께 혈서가 쓰인 셔츠 한 벌을 발견했다.

“남해의 이름 모를 산호초 위에서 나는 셔츠를 벗어, 소라껍

질에 선혈을 묻혀 이 글을 쓴다. 나는 이 편지를 누구에게 쓰는지 모른다. 우리 일가는 11식구였다. 큰형은 월남전의 포화에 죽고, 조카는 해방전쟁의 유탄에 죽고, 93세의 할머니와 일곱 살짜리 질녀는 해방 후 인민정부의 보살핌 속에 굶어서 죽고, 둘째 형은 집단 수용소에서 훔쳐 먹다가 즉결처형 당했다. 어머니는 배를 타다가빠져 죽고, 아내는 해상에서 해적한테 사살되고, 나는 헤엄쳐 이 산호초에 닿았다. 그리하여 13일간 만가지 고초 끝에 죽는다. 바다와 하늘은 망망한데 나는 누구에게 이 편지를 쓰는가." (졸작 〈개보다 못 사는 사람 이야기〉중 부분 재인용)

생각해보니 내가 마지막 육필 편지를 쓴 것이 언제였는지 까마득했다. 하다못해 '염라대왕님 전 상서' 한 장 쓰지 못한 주제에 인정어린 편지를 기다리다니! 누구에게 한 번도 뜨거워 보지 못한 주제에 연탄재를 걷어차다니! 절해고도에 던져진 듯한 이 외로움은 바로 내가 지은 업보에 다름 아니라는 생각이 들었다. 나는 지금 그날의 그 심정으로 이 글을 쓰고 있다. 기약 없는 하나님께 편지를 써야할 만큼 절실한 소원이 있는 것도 아니고, 글을 써봐야 아무도 읽어줄 사람이 없을 만큼 절박한 처지가 아닌데도 사람 없는 외딴 섬에 홀로 앉은 듯한 고독감을 주체할 길이 없다.

인간이 그립다.

우리 시대의 토끼

아침마다 직장에 나가는 아내를 태워다 주고 돌아오는 길이 여간 붐비지 않는다. 막히는 지점은 늘 정해져 있어, 장사진을 이룬 자동차 행렬에 끼어 숨통이 트이기를 기다리고 서있노라면 별로 급할 게 없으면서도 조바심이 난다. 차창 밖 풍경이라야 아직 문도 열지 않은 낯익은 간판의 상점들 아니면 인도를 오가는 행인들이 전부인 데다가 그나마 수없이 여러 날 보아온 터라 구경거리가 되지 못한다. 그런데 얼마 전부터 그 지점을 정체 없이 통과할까 봐 조바심이 날 만큼 흥미로운 구경거리가 생겼다. 봄을 맞은 까치 한 쌍이 전주 위에 둥지를 틀기 시작한 것이다.

전주 옆으로는 키가 전주보다도 큰 은행나무 가로수가 줄지어 서 있건만 하필 전주 위에 둥지를 트는 의도를 알 수 없었다. 의도가 무엇이든 부부가 경쟁이라도 하듯 나뭇가지를 물어 나르더니 까치집은 하루가 다르게 부풀어갔다. 둥지가 부푸는 만큼 부부의 2세 탄생에 대한 꿈도 부풀어 갈 것이었다.

그럴수록 나는 초조했다. 까치집 때문에 단전 사고가 자주 일어난다며 한전 사람들이 사다리차를 타고 올라가 사정없이 헐어내는 것을 본 일이 있기 때문이다. 말리려니 방법이 없고 그렇다고 한껏 꿈에 부풀어 있을 까치들의 집짓기를 두고 무허가 건축으로 고발을 할 수도 없는 일이었다. 아무리 그렇기로서니 필경은 헐려버릴 것이 뻔한 집을 부리가 닳도록 공들여 짓고 있는 놈들을 속절없이 보고만 있기도 딱한 노릇이었다. 물론 까치들이 그 많은 나무들을 다 놔두고 전주 위 변압기 틈서리에 둥지를 트는 데는 까닭이 있고, 오랜 세월에 걸쳐 유전자 속에 축적된 그들 나름의 예지叡智도 작용했을 것이다.

하지만 까치 부부의 예지는 빛을 잃고 말았다. 주말 이틀을 쉬고 월요일 아침에 지나다가 쳐다보니 우려했던 대로 까치집은 무참히 헐려 있었다.

70년대 중반쯤이었을 것이다. 소설 《25시》의 작가 게오르규가 이화여대 강당에서 강연을 한 일이 있었다. 그 중에서 지금껏 잊히지 않는 대목이 있다. 그는 2차 대전 당시 해군 장교로 잠수함 근무를 했는데 주어진 임무가 토끼를 사육하는 일이었다는 것이다. 나는 혹시 통역이 잘못 된 게 아닌가했다. 하지만 다음 이야기를 들으니 그런 게 아니었다. 토끼는 공기

중의 산소 농도에 민감하기 때문에 놈들의 활동 상태를 관찰함으로써 수면 위로 떠올라 산소를 공급 받아야 할지 여부를 결정한다는 것이었다. 그러나 요즘은 잠수함에서 토끼를 기르는 일이 없을 것이다. 토끼보다 몇 배나 더 민감한 측정 장비가 장착되어 있을 것이기 때문이다.

전기가 발명되기 전에는 전주가 있었을 리 없고, 따라서 까치들이 전주에 집을 지었다가 강제 철거당하는 일도 없었을 것이다. 인간이 이만큼 변하는 동안에도 까치들은 옛날의 까치 그대로일 터이다. 따라서 그것들이 화를 면치 못하는 것은 나름대로의 감수성과 예지를 갖추었으면서도 인간에 의해 변화된 환경에 적응하지 못한 데서 오는 비극이다.

무릇 생명이 있는 것들은 비록 그것이 미물이라 할지라도 본능적으로 생명을 유지하는데 필요한 대처 능력을 가지고 있다. 인간과 다른 점이 있다면 변화에 대한 적응력이 떨어진다는 점이다. 다소간의 대처 능력이 있다 해도 그건 어디까지나 자연의 질서에 의한 변화에 한한 것이어서 인위적인 변화에까지 적응하는 데는 한계가 있고, 그나마 인간들과 부대끼며 살 수밖에 없는 일부 생명체들에게서나 볼 수 있는 현상에 불과하다. 그들은 수십 만 년 동안 대를 이어 살아오면서도 자연 법칙을 거스른 일이 없고, 바로 그 점이 종족을 보존하는 최선의 방법이라는 것을 알고 있을 것이다. 하고 보면 그들에게 있어 환경의 변화란 생명을 위협하는 재앙일지언정 혜택이 될 리 없다. 전주가 인간들의 반 자연적인 구조물이라는 것을 미처 알아차리지 못한 까치 무리로서는 거기에 집을 짓고 새끼를 치는 것이 얼마나 큰 재앙을 불러올 것인지를 알 리가 없다.

세상은 점점 더 빠른 속도로 변하고 있다. 요즘 우리나라에서도 우주인을 선발하고 있다. 두 명 모집에 지원자가 벌써 만 명을 넘었다고 한다. 아무리 그래 봐야 인간이 우주 전체를 정복할 수는 없을 것이고, 설사 정복한다 해도 그것이 혜택이 될지 재앙이 될 지는 누구도 예측할 수 없는 일이다.

게오르규는 그날 강연 말미에 이런 말을 했다.

"시인은 한 시대의 토끼와 같은 존재입니다. 닥쳐올 인류의 운명을 남 먼저 감지해 내는 능력이 있어야 합니다."

까치가 그렇다면 토끼인들 선천적인 그 감수성을 유지하고 있을지 의문이다. 대 자연의 질서 앞에 인간이라고 크게 다르지 않을 것이다.

21세기의 '토끼'는 누구인가.

선택

텔레비전에 맞선 보는 프로가 있다. 총각 넷, 처녀 넷을 마주 앉혀 놓고 서로 '필'이 꽂히는 상대를 고르는 이벤트다. 수줍고 어색해서 고개를 들기가 어려울 법도 한데 정작 당사자들은 자기소개부터 당당하기가 이를 데 없다

"21세기를 이끌어갈 남자 아무개입니다. 저를 놓치시면 평생 후회하실 겁니다."

"산소 같은 여자 아무개입니다. 저를 선택하시면 절대로 후회하지 않으실 겁니다."

하는 식으로 일거에 분위기를 압도하고 나온다. 질의응답, 순발력 테스트, 장기 자랑, 상호 인물 평 등 지루한 절차를 거쳐 상대에게 비밀투표를 해서 서로 투표한 상대가 커플이 되기 마련이다. 이성의 환심을 사려는 처녀 총각들의 눈물겨운 안간힘

이 보기에 안쓰럽고 민망해서 채널을 돌리고 싶지만 리모컨은 이미 아내가 점령하고 있으니 참고 보는 수밖에 없다. 아내가 이 프로를 왜 그렇게 좋아하는지 궁금하지만 차마 물어보지는 못 했다. 친척 여동생의 소개로 아내를 만나 40여 년이나 함께 살아오면서 받은 건 많지만 해 준 게 없으니 도둑이 제 발 저린 격일 것이다. 나야 저렇듯 민망한 절차 없이 노총각 딱지 뗐으니 아내로부터 호박이 덩굴째 굴렀다며 복권 당첨자 취급을 받아도 할 말이 없지만, 너무나도 간소한 절차 때문에 '옥석을 가리지 못해' 고생만 한 아내로서는 아쉬움이 없지 않을 것이다. 하여, 기회 있을 때마다 "노총각 하나 구제하는 셈 치고 눈 딱 감았다"며 자위 겸 생색을 내는 아내다. 하기야 한창 꽃다운 20대에 10년 연상의 '아저씨'와 결혼할 결심을 했다는 것이 나로서는 백번 가상한 일이 아닐 수 없다. 그래도 나는 월척 한 마리 낚아 살림망에 넣어둔 낚시꾼처럼 짐짓,

"당신 그 결심 탁월한 선택이었어!"

하고 딴청을 부리면 아내는 어이가 없어 피식 웃어버리고 만다. 그렇다고 아내가 좀 더 확실한 검증을 거쳐 상대를 선택했더라면 지금보다 훨씬 행복하리란 보장도 없다는 것이 내 생각이다. 형편은 언제 어떻게 바뀔지 알 수 없는 일이고, 사람 역시 얼마든지 변할 수 있다. 더구나 단편적인 언행이나 외모만으로 사람을 판단하는 것은 어리석은 짓이기 십상이다.

하지만 이런 생각도 감춰두는 것이 상책이다. 자기는 노른

자위 땅 수천 평에 빌딩까지 소유한 직장 상사가 며느리 삼자고 할 만큼 인기가 있었다는 것을 내세워 내가 얼마나 큰 행운아인지를 일깨우는 아내가 그런 공자님 같은 말에 호락호락 동의할 리가 없다. 물론 나라고 할 말이 아주 없는 것은 아니다. 시골 갑부 집 무남독녀의 프러포즈를 받았지만 물색없는 자존심 때문에 거절한 일이 있었다.

그렇다고 아내는 빌딩 주인의 며느리가 되고, 나는 땅 부자 과수원집 사위가 됐더라면 지금보다 행복하리라는 보장도 없다. 따질 것 다 따지고, 캐볼 만큼 다 캐보고 결혼했다고 다 잘 사는 게 아니듯, 얼떨결에 맺어진 부부라고 다 삐걱거리지도 않으니 성공을 다짐할지언정 성패를 예단할 수는 없다.

남자는 외모에 속고, 여자는 허풍에 속는다는 말이 있다. 언즉시야라, '얼 짱', '몸 짱'인 여자 앞에 허풍쟁이가 되지 않을 남자 드물고, 말로나마 '여왕처럼 모시겠다고 다짐하는 남자 앞에 약해지지 않을 여자도 흔치 않을 것이다. 사정이 이런 판에 남자에게 예쁘게 보이고, 여자에게 자신감 있어 보이려는 안간힘을 누가 탓하랴.

화면에서는 총각들의 장기자랑이 한창이다. 한 총각이 요즘 미국에서까지 선풍을 일으키고 있는 '비'의 춤 흉내를 내자, 다음 총각은 바리톤 성악을 뽑아 올린다. 한 처녀가 유명인의 성대모사를 자랑하자 다른 처녀는 섹시 포즈로 맞선다. 유머를 던지면 유머로 답하고 곤혹스러운 질문을 던지면 동문서답

식 재치로 받아넘긴다.

우리는 사위 며느리를 이미 다 본 처지지만 가상의 사윗감 며느릿감을 골라보기로 한다. 내가 1번 총각이 듬직하고 유머 감각도 있어 좋아 보인다고 하면 아내는 다 좋은데 직업이 맘에 들지 않는단다. 판자촌 아이들을 무료로 가르치는 것이 직업이었던 내 총각 시절의 아킬레스건을 건드리는 일침이지만 처음 듣는 소리도 아니니 묵살하기로 한다. 아내는 2번 처녀가 꼭 우리 며느리처럼 티 없이 착하고 순진해 보여서 좋다고 하는데 내 눈에는 우리 며느리에 비해 어딘지 가식이 있는 것 같아 동의할 수 없다.

우리가 이처럼 수박 참외 고르듯 마음대로 고르다가 어떤 선택을 하든 당사자들에게는 아무 영향도 없을 터이니 우리로서야 그림 속의 과일일망정 고르는 재미가 어딘가. 이 처녀는 이래서 좋고 저 총각은 저래서 싫다는 식으로 품평하기에 골몰하다 보니 어느덧 나는 나이도 신분도 잊은 채 내 신부 감을 고르고 있는 것 같아 정신이 번쩍 들었다.

불순한 속내를 들킨 것 같아 얼핏 아내의 눈치를 보니 아내 역시 무슨 생각엔가 깊이 빠진 듯했지만 내 심보만 들킬 것 같아 물어보지는 못 했다. 어차피 아내나 나나 골라본들 별 수 없는 처지였다.

우리에게는 사윗감도 며느릿감도 될 수 없고 더구나 신붓감 신랑감으로는 더욱 가당찮은 처녀 총각들이 마침내 짝을 맞추는 차례가 왔다. 그제야 나는 속을 차리고 어느 처녀와 어느 총각이 커플이 될지를 점쳐보기로 했다. 각 네 명의 처녀 총각들의 사진이 양편으로 뜨고 진행자의 구령에 따라 '큐피드의 화살'이 하나씩 그어졌다. 서로를 명중시킨 것은 한 쌍 뿐이었는데 내 예측은 빗나갔다. 역시 세대 차이는 어쩔 수 없는 모양이다.

쏘기만 하고 맞지는 못한 처녀 총각들은 내색은 안 해도 실망이 클 것이다. 하지만 오늘 선택받지 못한 것이 불행일지 행운일지는 알 수 없는 일이다. 아직도 선택할 기회가 남아있다는 것이 얼마나 큰 재산인가. 요즘은 이혼이 유행병처럼 번지고 있다. 그러니 성급하게 선택하고 후회하는 사람들로서는 부럽기도 할 것이다. 기왕의 선택을 행운으로 여기며 살고 있는 나도 돌아갈 수 없는 그 나이가 부럽다.

나이는 선택할 수도 없으니…

꿈 지키기

고향집에 묵을 때면 아침마다 다녀오는 산책로가 있다. 윗마을을 벗어나면 장승거리 삼거리가 나오는데 거기서부터 왼편으로 바답산까지 이어진 십리 계곡이 그 길이다. 사철 마르는 법이 없는 계곡의 시냇물과 그 양편으로 병풍처럼 늘어선 산들이 철 따라 연출해내는 무쌍한 변화가 절경이다. 병아리 부리 같은 새싹들이 쏙쏙 소리가 들릴 듯 다투어 돋아나고, 그 서슬에 놀라 화들짝 피어 버린 진달래며 벚꽃들이 어우러진 봄의 도원경이나 짙푸른 녹음이 전설의 역사(力士)처럼 대지의 장한 기운을 한껏 자랑하는 여름의 위세 그리고 마지막 정념을 태우는 불꽃처럼 붉게 타고 있는 가을 단풍의 비장미도 예찬할 만하거니와, 만산과 계곡을 하얀 눈꽃으로 장식하여 하나의 거대한 꽃대궐을 지어내는 겨울 산에 들어보면, 비록 바보 온달 같은 초부일지라도 눈나라 공주님을 맞으러 온 듯한 황홀경에 빠지게 된다.

이 계곡에는 내 어린 시절의 꿈이 있다. 다람쥐 굴을 후비던 산비탈 바위 틈서리, 포크레인 같은 앞발을 치켜들고 뒷걸음질 치는 가재를 뒤져내던 냇가, 까치 둥지를 들쑤시던 미루나무 꼭대기에도 내 유년의 꿈이 있다.

물론 내 어린 꿈의 현장이 이곳만은 아니다. 마을 앞에 시원스레 펼쳐진 들판, 그 들판을 지렁이 발자국처럼 이리저리 뚫고 나간 오솔길, 자갈밭과 모래사장이 좋고, 뗏목이며 황포 돛단배가 유유히 떠다니던 남 · 북한강의 합수머리가 다 내 꿈을 심은 현장이지만, 그것들은 팔당호에 잠겨 없어진 지가 오래다. 그래서 내게는 그 꿈의 흔적이 살아남은 이 꿈의 골짜기가 마지막 보루인 양 소중하다.

그런데 언제까지나 내 꿈을 간직한 채 비경으로만 남아 있을 줄 알았던, 아니 남아 있어야 할 이 골짜기에도 비상이 걸렸다. 팔당호 주변에 유흥 시설들이 독버섯처럼 뿌리를 내리기 시작하더니 그 여파가 이 골짜기까지 미치게 된 것이다. 물론 이곳은 철저한 규제를 받고 있어 시설이 들어설 여지는 없지만, 산 좋고 물이 맑다니까 천치 같은 도시의 무뢰한들이 몰려와 난장판을 벌이는 것이다. 워낙 버리는 것이 미덕인 도시인들인지라 질탕하게 먹고 마시다가는 온갖 쓰레기를 다 내버려 둔 채 달아나 버리면 그만이다. 내가 위에서 '천치 같은'이라고 한 것은 자기네들이 버리고 간 그 온갖 오물들이 제 집 수도꼭지로 되돌아온다는 사실을 모르는 사람들 같기 때문이다.

팔당호가 수도권 대부분 지역의 식수원이고 거기 오는 사람들 또한 대부분이 그 지역에 사는 사람들일 것이 분명하니 더욱 딱한 노릇이 아닐 수 없다.

그 골짜기의 산과 개천에는 종류를 헤아릴 수 없이 많은 동·식물들이 살고 있다. 그것들 간에는 천적의 원수지간도 있고, 공생공영의 우호지간도 있지만 거기에는 그들 나름의 질서가 있어 수만 년을 살아왔어도 공동의 터전에 손상을 입히는 일은 없다. 그리하여 나의 어린 시절의 꿈속에는 그것들도 한몫을 한다. 잔등에서 풀이 자란다는 멧돼지, 꼬리가 아홉 개나 달린 여우, 새색시 방에 남편으로 둔갑하여 기어든 구렁이, 밤똥 누는 아이나 자다가 우는 아이는 영락없이 업어간다는 늑대, 은혜를 갚은 두꺼비… 이 밖에도 한 번 붙들어 보는 것이 소원이던 오소리, 너구리, 노루, 산토끼, 꾀꼬리, 뻐꾸기, 산비둘기, 꿩, 물총새, 딱따구리, 박새, 방울새며 산까치들이 살고 있는 그 골짜기가 내게는 일종의 신비경, 그것이었다. 울울창

창한 잡목 숲 어디쯤에 그놈의 보금자리가 있을까. 산에는 신령님도 산다는데 신령님은 그걸 다 알고 있을까…….

지금도 나는 그 골짜기에 갈 때면 그때를 떠올리며 혼자 웃는다. 그렇다고 그런 유년의 꿈을 그곳에 묻어둔 사람이 나 하나만은 아닐 것이다. 그곳을 고향으로 둔 사람들이면 누구나 그런 추억이 있을 것이다.

이런 골짜기에 천치 같은 도시인들이 들어와 난장판을 벌이는 것은 현실적인 공해 문제를 떠나 많은 사람들의 꿈을 짓밟는 만행에 다름아니다.

마침내 마을 사람들이 뭉쳤다. 장승거리 바답산 입구에 철책으로 대문을 만들어 주먹만한 자물쇠로 잠그고 그 옆에는 정자를 세웠다. 대문은 차량 출입을 막자는 것이고, 정자는 마을 노인들의 쉼터 겸 출입자 감시소로 쓰자는 것이었다. 그리고는 골짜기 안에 농토를 가진 몇 사람과 이장에게만 열쇠가 주어졌다.

나는 처음 그 철문과 거기 물린 자물쇠를 보고 무릎을 쳤다.

'꿈을 지키는 자물쇠!'

얼마 전 첫눈이 내린 날도 나는 그 골짜기를 거슬러 올라 바답산에 갔었다. 아직 아무도 지나가지 않은 숫눈길에 찍히는 발자국 소리가 좋았다. 늘 그랬듯이 막바로 산소 앞까지 가서 톱으로 잘라 낸 소나무 그루터기에 앉아 숨을 돌렸다. 밀양 박 공(公)이 양천 허씨 부인에게 팔베개를 해주고 나란히 누운 유택이다. 잘 다듬어진 잔디 이불이 포근해 보이더니 오늘은 하얀 눈이불을 덮었다. 주위에는 이웃 유택도 몇 있으니 별이 총총한 밤이면 잔디밭에 모여 앉아 전생의 얘기라도 나눌까?

돌아서서 내려가노라니 올라온 발자국이 선명한데, 거기에는 뒤집힌 음각으로 이런 글자가 새겨져 있었다. 'YOUNGAGE' 영에이지? 나는 실소했다. 그게 달아나 버린 것이 벌써 언제라고…….

올라갈 때는 어둠이 덜 가셔 미처 몰랐는데 내려오며 보니 산과 계곡이 그대로 웅장한 눈꽃 대궐이다. 선녀가 목욕하는 곳이라는 선녀탕 앞을 지나며 지난 여름 일을 떠올렸다. 황 교수와 알몸을 담그고 앉아 선녀가 내려와 옷이나 훔쳐갔으면 좋겠다며 웃었었다. 여권女權이 많이 신장한 세상이니 선녀와 나무꾼의 처지가 바뀐다 해도 이상할 것 하나 없다. 그러고 보니 바위 웅덩이 가에 늘어진 버드나무 가지의 눈꽃이 아닌게 아니라 선녀의 날개 같다.

어느새 철대문 앞까지 다 왔다. 이마에 땀을 닦으며 새삼 골짜기 안을 돌아다보았다. 눈부신 눈꽃 대궐! 이제 나의 꿈도 영에이지도 그 속에 있다. 그러나 그것들이 굳게 잠긴 철대문 안에 갇힌 것만 같아 씁쓸하다.

— 할 수 없지, 그게 꿈 지키기인 걸.

육이오

전쟁을 겪은 사람은 극한상황을 이겨낸 경험이나 크고 작은 상처를 안고 산다. 팔이나 다리를 잃거나 몸의 어딘가를 다쳐서 평생을 고통 속에 사는 사람, 화학약품에 중독된 후유증으로 만성질환에 시달리다가 천수를 다 누리지 못하고 세상을 떠나는 사람도 있다. 물론 아무런 외상도 입지 않은 사람이 더 많지만, 외상이 없다고 모두가 고통 없이 사는 것은 아니다. 외상보다 더 아픈 마음의 상처를 안고 사는 사람들도 얼마든지 있다.

부모 형제가 비명에 죽거나, 남북으로 뿔뿔이 흩어져 사는 동안 그리움이 한이 되어 암 덩어리 같은 응어리 하나를 안고 사는 사람, 군대에 가서 전사한 자식을 시신조차 찾지 못해, 가슴 속에 피멍으로 품은 채 차마 죽지도 못하고 있는 어미

아비들도 수없이 많다. 나는 인민군, 중공군의 지배하에 있던 6-7개월 동안 숱한 포격 폭격을 받으면서도 외상 하나 입지 않았지만 그 대신 엄마를 잃었다. 폐결핵을 앓던 엄마가 피난살이의 굶주림을 이기지 못해 객지의 움막 속에서 눈을 감은 것이다.

게다가 아버지가 인공치하에서 농민위원장을 한 죄로 옥고를 치르는 바람에 한 때는 '빨갱이 새끼'로 몰리기도 했다. 재판에서 무죄 판결을 받아 '빨갱이 새끼'의 굴레는 벗었지만 집안은 이미 풍비박산이 난 뒤였다.

그렇게 살아오는 동안 해마다 이맘때면 도지던 가슴앓이도 10여 년 전, 아버지가 돌아가시고 나서부터는 시나브로 가시는 듯했다. 세월이 반세기 넘게 흘렀으니 무의식중에도 어머니가 살아 계셨던들 이미 돌아가실 나이가 지났다는 생각이 들었을 것이다. 그러나 도지기로는 외상보다 가슴앓이가 더 쉬운 모양이다.

재작년 여름이었다. 이민 간지 40 년 만에 미국에 사는 재종형님 내외가 왔다. 형님은 서울 태생으로, 6 · 25가 터지던 해 봄에 대학 입시에서 낙방하고 재수하던 중에 전쟁이 나자 두 살 아래인 작은형과 함께 경기도 광주에 있는 우리 집으로 피란을 왔었다. 마을에는 이미 인민공화국 국기가 걸리고 아버지는 농민위원장 임명을 받았으면서도 무슨 생각에서였는지 한밤중에 우리 집 머슴아저씨와 함께 세 칸짜리 헛간의 가운데 칸에 재빨리 방공호를 파고 보릿짚을 쌓아 위장해두고 있었다.

뒤미처 형들이 오고 며칠이 지나자 아버지는 형들과 머슴 아저씨를 방공호로 몰아넣었다. 다음날 우리 집에는 인민군 몇이 몰려와 행랑채에 소대본부를 차리더니 대문간에는 보초병까지 세우는 것이었다. 초등학교 6학년이던 나는 엄마가 만들어주는 비빔밥 냄비와 물주전자를 인민군들 몰래 형들에게 넣어주고, 변기통을 받아다가 비워서 다시 넣어주는 것이 일과였다. 기회를 잡기가 어려워 하루 한 번 밖에 못 넣거나, 한 번도 못 넣는 날도 있었다. 발각되면 돌아올 형벌이 너무나도 뻔했기에 그 일을 하는 동안 입술이 타고 밤이면 악몽에 시달리기도 했다.

그렇게 며칠인가가 지나 인민군들이 철수하고 나자 서울이 수복되었다는 소식이 들려왔다. 마을에는 치안대가 들어서고 아버지는 치안대에 자수하여 경찰서에 수감되었다. 서울로 간 두 형은 국군에 입대해서 큰 형은 유엔군 통역장교가 되었다고 했다.

아버지가 서울로 이송되고 재판에서 무죄 판결을 받는 동안 나는 서울을 세 번 다녀왔다. 교통수단이 없던 때라 100리길을 걸어서 다녔다. 서울에 사는 고모부와 삼촌이 벌이는 아버지 석방 운동에 필요한 심부름으로 두 번, 마지막 한 번은 아버지가 석방된 날 두 살 아래인 동생까지 데리고, 엄마가 들려주는 떡보따리와 개장국이 그득 담긴 커다란 주전자를 전달하러 갔었다. 나는 요즘도 그 일을 내세워, 열세 살에 올림픽 풀코스를 여섯 번 완주했노라고 자랑하곤 한다.

어쨌든 인민위원장을 하던 김 모 씨가 재판도 없이 민간 치안대에게 처형당한 것을 감안하면 아버지의 무죄석방은 기적이었다. 그런데 뜻밖에도 그 기적의 비밀이 예의 방공호에 있었다는 것을 알았다. 의용군에 끌려갈 청년들을, 온 가족이 목숨을 걸고 숨겨줬다가 국군에 입대시킨 사실이 입증되어 농민위원장을 지낸 것이 위장이었음을 인정받았다는 것이다.

그 후 재종형 형제 중 동생은 전사하고 형은 육군 대위로 제대하여 미국으로 이민을 간지 40 년 만에 정부가 초청하는 6·25 참전용사 자격으로 고국 땅을 밟은 것이다. 나는 한국에 온 형님의 전화를 받고 선영先塋에서 만나기로 했다.

선영에 나타난 형님 내외의 얼굴에는 40년 세월이 고스란히 배어 있었다. 증조부와 조부모님 형제 분, 그리고 내 아버지와 두 분 어머니, 재종형님의 아버지와 두 분 어머니 묘에 배례를 올리노라니 심정이 착잡했다. 압록강까지 북진한 연합군이 중공군의 인해전술에 밀려 오산까지 밀리는 소위 1 · 4후퇴 때 내 어머니는 병으로, 형님의 어머니는 폭격으로 세상을 떠났고, 양쪽 모두 계모를 모시다가 이렇게 유택까지 나란히 마련했으니 그것이 운명이라 한들 어찌 이리도 흡사하단 말인가! 게다가 전쟁 통에 형을 땅속에 숨겨준 아버지가 이제는 땅

속에 누워 있고, 그 덕으로 목숨을 부지한 형은 만 리 타향을 떠돌다가 돌아와 땅 위에서 경배하고 있으니…

이래저래 죽기 전까지는 6·25로 입은 기억과 상처가 가시지 않을 것 같다.

올해도 유령처럼 그 유월이 왔다.

남창

남으로 창을 내겠소./ 밭이 한참갈이/ 괭이로 파고/ 호미론 풀을 매지요/ 구름이 꼬인다 갈 리 있소/ 새 노래는 공으로 들으랴오./ 강냉이가 익걸랑/ 함께 와 자셔도 좋소./ 왜 사냐건 / 웃지요.

- 김상용 〈남으로 창을 내겠소〉

나는 이 시를 읽으면 당장이라도 산속으로 들어가 새소리 물소리 들으며 살고 싶은 충동이 인다. 누가 왜 사느냐고 물으면 그냥 바보처럼 씩 웃어 보이면서….

요즘 많은 사람들이 살기 힘들다고 하소연 한다. 이렇듯 세상살이를 고달파하는 것이 가난 때문만은 아닌듯하다. 풀뿌리, 나무껍질로 연명하며 보릿고개를 넘던 5-60년대에 비하면 먹을 것 다 먹고, 입을 것 다 입으면서 극락에 살고 있는 셈인데도 불만에 차있다. 전문가들은 이런 현상을 상대적 빈곤감 때문이라고 한다. 당장 먹고 입을 것이 없어서가 아니라 내 집 또는 내 자동차가 같은 또래의 친구나 이웃의 것보다 작아서, 남이 가진 명품 가방, 명품 옷을 못 입어서 그런다는 것이다. 우리 이웃 중에는 아직도 의 · 식 · 주가 어려운 사람들이 적지 않으니 그런 사람들에게는 심정 상하는 소리일 테지만, 장마당에 흘린 국수 한 올까지 주워 먹는 꽃제비 생활을 하다가 탈북한 사람들의 말을 들어보면 수긍하지 않을 수 없다.

이유가 무엇이든 살인 사건이 옛날의 절도만큼이나 빈번하고, 강도 · 강간 · 폭행 · 사기 · 절도 · 횡령사건쯤은 일상사가 되었다. 대개가 당장 배가 고파서가 아니라 더 많은 것, 더 좋은 것이 탐나서 저지르는 범죄다. 욕심이 화근이다. 이러한 욕심이 집단으로 발동하기도 한다.

나는 사무실에 나가려면 하남시와 서울 강동구의 경계를 넘나들어야 한다. 그 경계의 서울 쪽 대로변에 수많은 현수막이 내걸렸었다. 하남시 측에서 추진 중인 열 병합 발전소 건설을 결사반대한다는 내용이다. 만일 그것이 강동구 쪽에 건설된다면 하남시 쪽 도로변에 같은 내용의 현수막이 내걸렸을지 여부는 알 수 없다. 여름이면 예비 전력이 바닥을 보여서 실내온도를 규제하고 있는 판에 내 동네에 불이익이 돌아올까 봐 발전소 건설 반대 구호를 외치는 것이 요즘 인심이다. 이런 현상이 전국 도처에서 갖가지 이유로 끊이지 않고 있다.

"이익은 내가 챙길 테니, 손해는 네가 봐라!"

"좋은 건 내가 할 테니 싫은 건 너나 해라!"

이것이 우리 사회의 자화상이다.

가진 게 없어서 고통 받는 사람들 곁에는 많이 가진 것 때문에 패가망신을 당하는 사람들도 있다. 서민들은 상상도 못할 엄청난 재산을 감춰두고 부정축재 추징금을 물지 않았다가 매스컴의 뭇매를 맞고 결국 백기를 든 전직 대통령 일가가 좋은 예다. 한 나라의 대통령까지 지낸 집안이 이지경이고 보니 도의심이나 정의감은 희석되고 온갖 흉악범, 파렴치범이 판을 친다.

많이 가져도 만족하지 못하면 가난하고, 적게 가져도 만족하면 부자다. 돈이 많아 아무리 산해진미를 다 먹고 명품 옷만 입고 살아도 그렇게 누리는 호사에는 한계가 있고 거기서 느끼는 행복감도 반드시 호사에 비례하지 않는다. 그렇다면 그 한계 이상의 재산은 한낱 종이나부랭이 (증권, 등기권리증 등)아니면 귀금속이나 골동품 등 먹을 수도 생활도구로 쓸 수도 없는 것들이어서 천재지변이라도 일어나 굶어죽을 지경에 이른다면 그 모든 재산을 다 합쳐봐야 빵 한 덩어리만도 못한 허상이 되고 말 것이다.

우리나라 최고의 어느 재벌 총수는 만년에 위암 수술을 해서 죽 세 공기로 하루하루를 연명하다가 세상을 떠났다고 들었다.

나는 요즘 술도 마시고 고기도 먹으며 산다. 재벌 총수도 누리지 못한 호사를 누리고 사는 셈이다. 사는 곳도, 만인이 선망하는 강남이 아니라 시골이어서 오히려 좋은 공기 마시며 산다. 자가용차가 작아서 가고 싶은 곳을 못 간 일 없고, 아파트 평수가 작아서 잠을 설치는 일도 없다. 자식들에게 물려줄 재산이 없는 건 미안하지만 압수수색을 당하는 수모는 면했으니….

나도 더 많은 것을 가지고 싶어 몸이 단 때가 있었지만 마음대로 되지 않았다. 근근득신 살아오는 동안 큰일 작은일 다 치르고 이제 먹고 입고 잠자는 일 외에 큰 돈 쓸 일도 없으니 더 가지고 싶은 욕심도 많이 사그라졌다. '나물 먹고 물마시고 팔을 베고 눕기' 에 부족함이 없는 시골 아파트생활에 만족하며 산다.

뱃속이 출출해지는 석양 무렵 허물없는 친구와 막걸리 한 병 놓고 마주앉는다든지, 과음하고 난 다음날 아침이면 냉수 한 사발만으로도 무량한 행복감에 젖는다.

밥은 며칠 못 먹어도 견디지만, 숨은 5분만 못 쉬어도 죽는다. 숨을 못 쉬는 것은 공기를 들이마시지 못해서가 아니라 들이마신 숨을 내뿜지 못하기 때문이라고 한다. 가진 것을 버리지 못해 죽는다는 것이다.

김상용이 〈남으로 창을 내겠소.〉를 읊조린 것도 욕심을 버리고 자연과 벗하겠다는 뜻일 것이다. 다행히도 내 집에는 남으로 창이 나 있다

푸르른 날

하늘이 푸르다.

이런 날이면 문득, 아득한 옛날에 사라져 간, 하치않은 것들이 사무치게 그리워 가슴을 적시곤 한다.

내 나이 여남은 살 무렵이었을 것이다. 할아버지가 가오리연 하나를 만들어주셨다. 난생 처음 가져보는 연이었다. 강변 모래톱으로 달려가 얼레의 실을 풀며 조금 달음질치자 연이 때마침 세차게 불어오는 강바람을 타고 기세 좋게 떠올랐다. 펄럭펄럭 꼬리를 휘날리며 까마득히 솟구쳐 오르자 연줄이 포물선을 그리며 붕거지가 물린 견지낚싯대처럼 팽팽한 긴장감을 전해왔다. 마침내 연줄이 다 풀려 더는 떠오를 수가 없게 되자 연이 몇 번 곤두박질치다가 솟구치더니 '핑'하는 소리와 함께 연줄이 끊어지고 말았다. 고삐 풀린 연이 바람을 타고 가뭇없이 날아가 버린 텅 빈 하늘에는 흰 구름만 몇 조각 둥실 떠있었다.

이후로도 내 손으로 숱한 연을 만들어 띄웠었지만 그 날만큼 가슴이 뛰지는 않았다. 그럴수록 날아가 버린 가오리연이 애석하기만 했다. 뒤미처 6·25 전쟁이 나서 엄마를 잃고 타관을 떠돌면서는 그 연이 내 꿈까지 싣고 날아가 버린 것 같아 눈물이 났다. 나는 아직도 그 가오리연의 행방이 못내 궁금하고 애석하다.

어느 날 땔나무 짐을 지고 들어오신 아버지가 등걸이 주머니에서 토끼새끼 한 마리를 꺼내 주셨다. 흑갈색의 작은 실뭉치만한 어린놈이지만 머루 알 같은 까만 눈에 쫑긋한 귀 하며 시늉으로만 달린 앙증맞은 꼬리까지가 깔축없는 산토끼였다. 그렇지 않아도 토끼를 기르는 친구가 부러워서 날마다 엄마한테 토끼새끼 사달라고 조르던 터라 눈이 번쩍 띄었다.

토끼를 들고 어찌할 바를 몰라 두리번거리자 할머니가 둥우리를 들고 오셨다. 네모난 나무틀에 가늘게 꼰 새끼줄로 망을 얽어, 갓 깨어난 병아리들에게 족제비나 쥐들이 범접하지 못하도록 밤이면 공중에 매달아두는 가두리라 구멍이 촘촘해서 몸집 작은 토끼새끼를 가두기에 안성맞춤이었다.

토끼를 둥우리에 넣어놓고 단숨에 논둑으로 달려가 씀바귀를 한 줌 뜯어다가 코앞에 들이대도 한 쪽 구석에 옹크려 엎드린 채 거들떠보지도 않았다. 토끼가 어서 저를 좋아하는 내 마음을 알아차리고 오물오물 먹이도 먹고 깡충깡충 재롱도 부려주기를 애타게 기다리다가 밤이 이슥해서야 잠자리에 들었지만, 내가 잠든 동안 도망칠 것만 같아 쉬 잠이 오지 않았다.

불길한 예감은 적중하고야 말았다. 어렵사리 잠이 들었다가 아침에 눈뜨기가 무섭게 이불을 박차고 달려가 보니 토끼가 보이지 않았다. 어느 구멍으로 어떻게 빠져나갔는지는 살필 겨를이 없었다. 하늘이 무너진 듯 낭판이 떨어진 그 경황 중에도 토끼의 고향이 산이라는 걸 생각해내고는 옷도 입는 둥 마는 둥, 무작정 뒷동산으로 달렸다. 아침이슬에 바짓가랑이가 흠뻑 젖고, 팔뚝이 갈잎에 쓸려 피가 나도록 산비탈을 헤매다가 돌아와 학교에 가느라 지각을 해서 벌 청소를 했다. 그래도 부끄럽거나 야속하다는 생각보다 산토끼의 행방만 궁금했다. 집에 오기가 무섭게 책보부터 동댕이쳐져버리고 달려가 해가 지도록 산비탈을 헤맸지만 끝내 토끼는 찾아내지 못했다. 나는 어린 토끼를 받아 든 순간 손바닥으로 전해오던 그 보드랍고 따스한 감촉과 머루 알 같은 눈동자를 지금도 잊지 못하고 있다.

어느 해 겨울, 마당 가 두엄자리 옆에 만들어 세웠던 눈사람도 생각난다. 엄마가 떠 준 벙어리장갑을 끼고 눈을 뭉쳐 굴리면 주먹밥만한 눈덩이가 턱에 차도록 불어났다. 그렇게 몸통을 만들고 머리도 만들어 얹어놓고는 참숯으로 눈, 코, 입을 붙이고 솔가지로 수염도 달았다. 머리에 벙거지까지 씌우면 하늘나라에서 온 길손 같았다. 아침에 잠이 깨면 보고, 나가다가 보고 들어오면서 보고… 한 식구처럼 정이 들던 눈사람도 날씨가 풀리자 며칠을 못 견디고 흉하게 무너지다가 자취 없이 슬어지고 말았다. 나는 요즘도 불현듯 그 눈사람이 그리워 가슴을 적시곤 한다.

눈 오는 밤이면 날이 새기 전부터 조바심이 났다. 남 먼저 일어나 숱 눈밭에 첫 발자국을 낼 생각에 가슴이 뛰었다. 먼동 트기가 무섭게 뛰어 나가 하얀 눈 위를 걸으며 돌아보면 옴폭옴폭한 발자국이 쪼르르 따라왔다. 그 자국이 70여 년을 걸어온 내 발자국의 원형일 것이란 생각에 나는 지금도 그 자국을 그리워한다.

세월이 많이 흘렀다. 불가불 나 또한 가뭇없이 날아간 가오리연, 둥우리를 빠져나가 숲속으로 사라진 산토끼, 덧없이 녹아버린 눈사람, 자취 없이 지워진 발자국처럼 스러지고 말 것이다. 문득 미당未堂의 시 〈푸르른 날〉의 첫 구절이 떠오른다.

눈이 부시게 푸르른 날은 그리운 사람을 그리워하자.

오늘도 하늘이 푸르다.

벗어보이기

1970년대 초였을 것이다. 외국인을 동반해야만 입장이 가능한 외국인 전용 클럽에서 누드쇼를 본 일이 있다.

알고 지내는 미 공군 장교를 따라 클럽에 들어서니 작은 강당만한 홀 한쪽에 마련된 원반형 특설무대 가까이에는 이미 자리가 없었다. 겨우 먼발치에 있는 테이블 하나를 잡아 맥주를 주문하고 나자 불이 꺼졌다. 칠흑 같은 어둠 속에 잠시 정적이 흐르더니 무대 위의 한 지점에 스포트라이트가 내려 꽂혔다. 거기에는 언제 올라왔는지 비키니 차림의 여인 하나가 두 무릎 사이에 얼굴을 묻은 채 인어공주 상처럼 쪼그려 앉아 있었다.

이윽고 음악이 흘러나오자 인어가 솟구쳐 오르듯 벌떡 몸을 일으켰다. 여인의 살결이 조명을 받아 눈부시게 빛났다. 객석에서는 지체 없이 박수와 함성이 터져 나왔다. 무희가 율동을 시작했다. 나와야 할 곳은 생고무처럼 탄력 있게 솟아올라 당당한데, 들어가야 할 곳은 가엽게 가냘팠다. 팔 다리 손가락은 적당히 길고 알맞게 살이 올라 몸통과 조화를 이루었다. 그 팔등신으로 무대 위에 관능적인 실루엣을 그려낼 때마다 관객들은 신음소리를 토했다. 관객을 완전히 무시하는 듯, 아무 곳에도 시선을 주지 않는 그 무표정이 더 큰 효과를 거두고 있었다.

그렇게 얼마가 지나자 홀이 떠나갈 듯한 함성과 휘파람 소리가 터졌다. 무희가 브래지어와 팬티를 차례로 벗어 쓰레기 버리듯 던져버린 것이다. 무희의 표정이 이제까지와는 달리 사뭇 도발적이었다. 그러고 보니 조금 전까지 언덕과 계곡을 애써 가리고 있던 그 헝겊 쪼가리들은 군더더기에 불과했다. 여인은 그제야 비로소 그 거짓의 옷을 벗어버리고 천의무봉天衣無縫, 본래의 제 모습을 찾은 것이었다. 한결 역동적인 율동을 보이고 있는 여인의 나체에서 외설 같은 것은 조금도 느껴지지 않았다. 나는 그보다 더 아름다운 미술품을 본 적이 없었다. 내 나이 30대 때였다.

세월이 흘러 60대에 접어든 어느 날, 처음 배운 컴퓨터를 조작하다가 이상한 광고가 있어 열어보니 심상치 않은 그림이 떴다. 말로만 듣던, 소위 '야동'이라는 직감이 왔다. 집안에 사람이라곤 나 하나뿐인데도 주변이 살펴지고 가슴도 뛰었다.

결연한 심정으로 성인 인증을 받고 들어가 보니 과연 야했다. 이래서 야동이라고 하는구나!— 아들아이에게 잠깐 동안 컴퓨터 조작법을 배운지 이틀 만에 이런 성과를 거둔 자신을 크게 대견해 하면서 무아지경으로 빠져들고 있었다. 그런데 이상하게도 장면이 바뀌어 기상천외의 진기명기가 전개될수록 흥분은 가라앉고 수치심만 쌓여갔다. 화면 속의 주인공들은 절정의 열락에 빠져 희희낙락하는데 국외자인 내가 왜 부끄러운가?

부끄러운 나를 부끄러워하면서 화면을 바꾸려니 커서가 말을 듣지 않았다. 큰일이었다. 조만간 들이닥칠 아내며 아들아이를 생각하니 식은땀이 흘렀다. 한참 실랑이를 벌이던 끝에 컴퓨터를 껐다가 켜보기로 했다. 그런데 이번에는 더 큰 일이 벌어졌다. 껐다가 다시 켠 바탕화면에 전에 없던 마크가 떴다. 클릭해보니 바로 그 '야동'이 아닌가. 어쩌다 그것이 바탕화면에 깔렸는지는 알 수 없었다. 어쨌든 빨리 지우기는 해야겠는데 나는 아직 그 방법을 몰랐다. 진즉에 그걸 가르쳐주지 않은 아들놈을 원망하며 아무리 머리를 쥐어짜가며 이리저리 조작해 봐도 요지부동, 컴퓨터는 인정머리 없이 정직하기만 했다.

들키기 전에 자수하기로 했다. 퇴근한 아들아이에게 보이며 애원하듯 구원을 청했다. 아이는 아이콘만 보고도 벌써 알아차렸는지 겸연쩍게 빙긋 웃어 보이며 마우스를 잡고 손가락을 두어 번 까딱까딱하더니 그 요물 같은 마크를 감쪽같이 지워버렸다. 나는 추한 내면을 고스란히 들켜버리고 만 것이 부끄러워 아이 얼굴을 바로 볼 수가 없는데 아이는 태연했다. 하기야 디지털 시대의 선두 주자를 자처하는 아이이니 그 정도는 이미 오래 전에 섭렵했을 터였다.

나는 그런 공범의식에 기대어 놀란 가슴을 애써 가라앉혔다. 용변 뒤처리가 덜 된 것처럼 좀 찜찜하기는 해도 그렇게나마 해결하고 나니 한결 마음이 놓였다. 더구나 아내보다 아들이 먼저 들어온 것이 여간 다행스럽지 않았다. 그 옛날, 어설프게 가렸던 헝겊 쪼가리들을 벗어버린 모습이 훨씬 아름답던 무희의 팔등신이 떠올랐다. 이렇듯 벗어서 더 아름다운 사람이 있는가 하면, 입어야 아름다울 사람도 있다. '야동'의 주인공들이 그런 경우였다.

요즘은 꾸미는 기술이 하도 현란하여 인간의 본모습을 짐작하기가 어려운 세상이 되었다. 그렇다고 다 벗고 살자니 부끄러운 게 너무 많고, 다 입고 살자니 감춘 것이 마음에 걸려 눈치나 보게 된다. 얼마나 가리고 어디까지 벗어 보이며 살아가야 할지 고민 중이다.

4부

웃으면서 화내기

살다 보면 웃을 일도 있고 화낼 일도 있다. 웃을 일이 있을 때 웃기야 쉽지만 화나는 일이 있다고 번번이 화를 낼 수는 없다. 하고많은 부조리에 일일이 발끈하여 핏대를 세우다가는 어울려 살아가기가 어려울 뿐더러 자칫 봉변이나 당하기 십상이다.

그런데 요즘 세상엔 웃을 일보다 화나는 일이 더 많다. 자연 다툼이 심해지다 보니 참는 것이 병이 되어 홧김에 저지르는 묻지 마 범죄가 끊일 날이 없다. 폭행, 살인, 방화, 보복운전, 자살…. 자동차를 몰고 관공서나 인가로 돌진하는 사람도 있다. 사정이 이러한 터에 건강 전문가들은, 웃음은 반병통치약이고 화를 내는 건 만병의 근원이니 웃으며 살라고 한다. 화나는 일 참고 살기만도 속이 타는 마당에 웃어야 건강에 좋다니, 실성을 하지 않고서야 개가 달보고 짓듯 맥없이 헛웃음을 날릴 수도 없어 난감하다.

얼마 전 남미의 과테말라 대통령 선거에서는 코미디언 출신이 당선되어 화제에 올랐다.

"나는 20년 동안 사람들을 웃겨왔습니다. 이제 대통령이 되면 국민을 울리지 않겠습니다."

이런 공약이 먹혀들었다는 후문이다.

우리나라에도 코미디언 출신 정치인이 있었다. '코미디의 황제'고 이주일 씨. 그가 국회의원 임기 4년을 마쳤을 때 누가 소감을 묻자,

"처음 일 년 동안은 내가 국회의원이 돼서 거기 앉아있는 게 신기하더니, 나머지 삼년 동안은 저것들이 다 어떻게 국회의원이 됐을까 그게 신기하데."

하더란다.

요즘 우리나라 정치꾼들의 행태를 보면 그럴 만도 하겠다는 생각이 든다. 무조건 반대, 인신공격, 신상 털기, 모욕적인 욕설로도 성이 차지 않는지 섬뜩한 저주를 퍼붓기도 한다. 당한 사람들이라고 점잖게 넘어갈 리가 없다. 일폐군폐一吠群吠, ㅡ치거니 받거니 으르렁대는 서슬에, 그들이 필요할 때만 나라의 주인라고 건성 추켜세우는 국민들만 피곤하다. 낯이 뜨겁다 못해 화가 나서 차라리 코미디언 같은 정치꾼이라도 보고 싶어지는 것이다.

민주주의 선진국 정치인들은 한결 여유가 있어 보인다. 특히 유명 정치인들의 유머 감각이 부럽다.

어느 날 의회에 출석한 처칠 수상이 용변이 급해 화장실에 가갔는데 사사건건 트집만 잡는 노동당 당수가 먼저 와서 일을 보고 있었다. 워낙 맞닥뜨리고 싶지 않은 인물인지라 못 본체 하고 멀찌감치 떨어져 용변을 보았지만 그냥 넘어갈 당수가 아니었다.

"총리, 왜 날 피하시오?"

처칠의 대답,

"당신들은 큰 것만 보면 국유화해야한다고 주장하지 않소!"

처칠은 잠이 많은 사람이라 늦잠을 자다가 약속시간에 늦는 일이 잦았다. 정적 하나가 그걸 점잖게, 그러나 날카롭게 꼬집었다.

"영국 국민들은 늦잠이나 자는 게으른 정치인을 좋아하지 않습니다."

난처해진 처칠의 응수,

"글쎄요. 당신도 나처럼 예쁜 부인과 살면 일찍 일어나기가 어려울 거요."

마거릿 대처는 '철의 여인'으로 불리는 수상이지만 철의 여인도 여성은 여성인지라 차갑고 강한 이미지의 수식어가 마음에 걸렸던지 600여 명의 국가 지도자급 인사들이 모인 만찬장에서 이렇게 말했다.

"홰를 치며 우는 건 수탉일지 몰라도 알을 낳는 건 암탉입니다."

장내에 폭소가 터졌다.

미국의 전 대통령 케네디와 트루먼은 언쟁이 잦았는데 어쩌다 늙은 트루먼이 욕설을 해도 젊은 케네디는 웃으면서 대꾸했다.

"트루먼은 저보고 SOB(son of bitch ; 개자식)라고 한 데 대해 사과하시리라 믿습니다. 그러면 저는, 제가 개자식인 걸 사과할 겁니다."

역사교과서 국정화 문제를 두고 여 · 야가 살벌하게 대치하고 있는 중에 야당이 '친일교과서 결사반대'를 부르짖고 나서자, 여당 측에서, 아직 나오지도 않고 집필진도 정하지 않은 교과서를 무슨 근거로 친일 교과서로 단정하느냐는 반박이 나왔지만 여론의 추이는 야당 쪽으로 기울었다. 이에 힘입은 야당 대표가 결연한 표정으로 일갈했다.

"ㄸ인지 된장인지 먹어봐야 압니까?

그런데 이 야당 대표는 대통령 선거를 비롯한 두 번의 재보궐 선거에서 연패하는 바람에 자기 당의 텃밭에서조차 대선

주자 지지도가 여당 주자에 뒤져 당내 비주류의 사퇴 압력을 받고 있는 터라 듣기 민망한 속담까지 들먹이며 열을 올리고 있는 모습이 딱해 보였다.

그가 인용한 속담에는 유래가 있다. 조선 왕실에는 변소가 없어 임금님이 변의便意를 느끼면 매화틀이라는 이동식 변기를 대령하여 용변을 보았는데, 어의御醫는 그 대변 맛을 보아 임금님의 건강상태를 가늠하고 상태에 따라 그걸 된장 맛이라고 했다는 설이 있다. 내가 정작 야당 대표를 딱하게 생각한 것은 그가 내세운 속담과 비슷한 또 하나의 속담이 생각났기 때문이다.

"ㄸ싸고 매화타령 한다."

웃어야 건강하다는데 우리나라에는 웃으면서 화내고 화난 국민 웃기는 정치인이 없어 안타깝다. 웃을 일보다 화나는 일이 많은 세상을 건강하게 살아가려면 미상불 웃으면서 화내는 법부터 배워야 할 것 같다.

선거 이야기

선거 때마다 떠오르는 추억 한 토막-.

국민(초등)학교 4학년 때였을 것이다. 우리 반 자치회장 선거에서 내가 회장으로 뽑히는 이변이 일어났다. 그때까지만 해도 학령을 놓친 아이들이 많았다. 우리 반만 해도 적령기에 입학한 아이들보다 한두 살 위는 보통이고, 네 살이나 더 먹은 아이도 있었다. 게다가 선거가 입후보제가 아니라 전체 반원 중에서 한 명의 이름을 써내는 방식이었는데도 어린 축에 속하는 내가 회장이 된 것은 이변이 아닐 수 없었다. 이변은 거기서 그치지 않았다. 다음 번 반장 선거에서도 같은 일이 되풀이된 것이다. 자치회장 자리는 그럭저럭 버틸 만 했지만, 언감생심 반장자리는 꿈도 꾸어본 적이 없던 터라 아이들 —특히 형뻘이나 되는 아이들 보기가 민망하고 통솔할 자신도 없어 간신히

한 학기를 버티다가 스스로 사임하고 말았는데 아이들이 왜 나를 뽑았는지, 내게 표를 던진 아이들이 누구누구인지가 늘 궁금했다.

뒤미처 6 · 25가 터져 뿔뿔이 흩어졌던 친구들이 40대 후반이나 돼서야 동창회 명목으로 모였다. 40여 명이 어느 음식점에 자리를 잡는데 여자 친구 하나가 내 곁으로 왔다. 어려서부터 성격이 활달하고 도량이 커서 여자 아이들의 리더 격이었던 것이 생각났다. 그녀는 대뜸 내 어깨를 탁 치더니,

"너 옛날에 우리 반 회장 선거, 반장 선거에서 당선 된 거 생각나?"

했다. 그 일이라면 나도 아직 풀지 못한 숙제였다.

"생각나지, 그런데 나이 많은 애들도 많았는데 왜 내가 됐는지 난 아직도 그걸 모르겠어."

" 이런 바보! 그럼 내가 널 좋아한다는 것도 몰랐어?"

아뿔싸! 나는 그걸 전혀 눈치도 채지 못했으니… 요컨대 자기가 선동해서 여자아이들이 몰표를 던졌다는 것이다. 이렇듯 나는 선거 운동은커녕 입후보조차 하지 않고 선거로 회장도 하고 반장도 해보았으니 참으로 운수가 좋았던 셈이다. 선거를 민주주의의 꽃이라고 하는데 우리나라 선거는 70년 가까운 역사를 쌓아왔으면서도 혼탁하기로는 별로 나아진 게 없어 내가 처음 경험한 초등학교 반장 선거만도 못해 보이기에 하는 말이다.

6 · 4 지방선거가 끝났다. 선거 전에는 여당이 다소 우세할 것이라더니 세월 호 참사가 터지는 바람에 '무승부'가 됐다는 게 중평인데, 말로는 '쇄신', '머리부터 발끝까지 변화'를 외쳤지만 정치인들의 행태는 별로 변한 게 없는 것 같다. 이번 선거에서도 서로 헐뜯고, 꼼수 쓰고, 거짓말하다가 선거법 위반으로 입건된 사람이 벌써 수백 명이라고 한다.

정치 1번지라는 수도 서울에서는 공교롭게도 자식 문제로 눈물을 흘린 시장 후보와 교육감 후보가 '수신제가도 못했다'는 비난 속에 초반 우세를 지키지 못해 참패를 당했고, 야당의 텃밭이라는 광주에서는 '새 정치'라는 명분을 세우려다가 전략공천 시비에 휘말려 고전을 면치 못 하던 후보가 낙승을 거두기는 했지만 당내 후유증을 예고하고 있다. 자살한 사람들과는 달리 선거로 돈을 벌고 희희낙락하는 사람들도 있다. 이른바 이석기 사건으로 당의 해산 여부가 재판에 계류 중인 통진당 후보들 중의 몇은 정부 보조금 30여억 원 만 챙기고 사퇴를 해서 지난 대선에 이어 또다시 '먹튀'라는 지탄과 함께 정치혐오를 부추기고 있다.

선거가 끝나자 낙선자의 자살 소식도 잇따르고 있다. 선거에 패해서 받는 스트레스가 배우자의 죽음과 맞먹는다고 한다. 선거 한 번 치르려면 개인 비용만도 적게는 수 억 원에서 많게는 수십억 원이 든다니 그럴 만도 하다. 그렇다고 옛날 초등학교 반장 선거처럼 입후보 없이 온 국민이 서로 적임자 이름을 써내는 방식으로 할 수도 없는 노릇이다. 하기야 요즘은 초등학교 반장 선거에 출마한 자기 아이 동급생들을 불러 향응을 베푸는 어미들도 적지 않다니…

선거 열기가 막바지에 다다를 무렵, 텔레비전의 〈인간극장〉을 보니 통영 앞바다에 있는 초도라는 섬에는 올해 78세의 김대규 도지사와, 63세의 조종임 내무장관 부부가 살고 있었다. 제주도에서 개인택시를 부리던 김 씨가 스트레스로 인한 당뇨병이 심해져서 무인도행을 결심하고 부인에게 제의하자 기꺼이 동의해서 주민들이 다 떠난 이 섬에 들어온 지가 13년째라는데, 부인 조 씨는 남편 김 씨를 '도지사島知事님'으로 선출(?)했고, 김 지사는 부인 조 씨를 내무장관으로 임명했다고 한다. 단 한 표를 얻어 도지가 된 김 씨나, 장관 임명권이 전혀 없는 도지사로부터 정부 직제에도 없는 내무장관에 임명된 조 여사나 그깟 감투 따위에는 개의치 않고 밭 일구고, 염소 키우고, 해초 뜯고 물고기 잡으며 유쾌하고 건강하고 정겹게 사는 모습이 눈물겨웠다. 만일 김 씨가 차기 도지사에 출마한다면 이제는 60여 마리의 염소들과 애견 초돌이와, 초도 앞바다의 갈매기들까지 몰표를 던져 재선될 것이 확실하다.

문득 내 초등학교 시절의 반장 선거가 떠올라 혼자 웃었다.

하이에나의 만찬

옛날, 서당에서는 천자문을 떼면 대개 동몽선습童蒙先習을 가르쳤다. 그 첫머리는,

" 天地之間 萬物之衆에 惟人이最貴하니 所貴乎人者는 以其有五倫也라 ; 하늘과 땅 사이에 있는 많은 무리들 중에 가장 귀한 것이 사람이니, 사람이 귀한 까닭은 (그들에게만)오륜五倫이 있기 때문이다."

이렇게 시작된다. "사람이 오륜을 모르면 새나 짐승과 다름 없다"는 말도 나온다.

나는 TV프로 동물의 왕국을 즐겨 본다. 스스로 오륜이 있어 귀한 존재라면서도 온갖 비리로 얼룩진 인간 사회보다, 숲과 초원이 어우러진 대자연 속에서 갖가지 동물들이 자연 법칙에 따라 서로 먹고 먹히며 살아가는 모습이 훨씬 순수해 보이기

때문이다.

약육강식이 생존 원리인 동물들의 세계가 비정해보이기도 하지만 조금 더 관찰해보면 그 생태가 자못 흥미롭다. 초식동물은 풀이나 나뭇잎을 먹고 살고, 포식 동물은 그 초식동물을 잡아먹고 사는 것이 선천적 생존 원리라면, 그 원리를 실천하는 데 있어서는 후천적인 질서가 작용한다는 것을 알 수 있다. 포식동물들의 먹이가 되는 초식동물들이 서로 다른 종끼리도 큰 다툼 없이 공생하는 데 비하면 포식 동물들의 생존 방식은 사뭇 살벌하고 치열하다. 같은 포식동물들끼리도 몸집의 크기와 사냥 능력, 또는 생활 습성에 따라 종간의 우열優劣 친소親疎가 갈려 잠시도 긴장을 늦추지 못하고 살아간다. 새끼를 한 번에 한두 마리 밖에 낳지 않고 임신기간도 길면서 무시로 포식동물의 먹이가 되는 초식동물의 숫자가, 임신기간이 짧고 한 번에 여러 마리를 낳는 육식 동물보다 많은 것은 그들의 생존이 그만큼 어렵다는 증거일 것이다.

이렇듯 살벌하고 비정한 동물 세계에도 오륜이 있다. 어미는 목숨을 걸고 새끼를 길러내니 부자유친父子有親, 무리가 우두머리를 따르니 군신유의君臣有義, 암컷과 수컷의 소임이 다르니 부부유별夫婦有別, 먹이를 먹을 때 순서가 있으니 장유유서長幼有序, 사냥을 할 때 협동작전을 벌이니 붕우유신朋友有信이다.

TV 화면에서 사자가 초원의 풀숲에 숨어서 먹잇감이 나타나기를 기다리고 있다. 수십 마리의 들소 떼가 초원에 나타나자 사자가 몸을 한껏 낮추어 들소 떼를 노려보며 돌진할 예비 동작을 취한다. 목표를 정한 사자가 어느 순간 풀숲을 박차고 몸을 날린다. 화들짝 놀란 들소가 속도를 높여 필사적으로 내달린다. 도망자와 추격자의 숨 막히는 질주가 이어진다. 들소는 달리기가 힘에 부치면 갑자기 방향을 바꿔 보지만 따돌려질 사자가 아니다. 그러는 동안 들소는 무리에서 벗어나 외톨이가 됐다. 그렇게 시간이 지날수록 간격은 점점 좁혀지기만 한다. 마침내 사자가 들소 등에 뛰어올라 목덜미를 물어박지르는가 싶더니 두 짐승이 한꺼번에 나뒹굴면서 사투가 벌어졌다. 뿔로 받고 뒷발질로 내차는 필사의 몸부림과, 먹이 감의 목줄기에 송곳니를 박아 기어이 숨통을 끊으려는 포식자의 공격이 계속되는 동안 나는 마른침을 삼키며 들소를 응원한다. 포식자도 어지간히 지쳐 들소가 힘겹게 위기를 벗어나려는 순간 어디에 숨어 있었는지 세 마리의 사자 무리가 나타나 사정없이 물어뜯는 바람에 들소는 조용히 숨을 거두고 말았다. 가쁜 숨을 진정한 사자들이 회식을 시작하려다가 주춤한다. 덩치가 어린 사자의 두 배나 돼 보이는 갈기가 무성한 수사자가 나타난 것이다. 그 위용만으로도 무리의 우두머리, -백수의 황제로 군림하기에 모자람이 없어 보인다. 황제가 들소의 뱃바지를 몇 번 물어뜯자 내장이 쏟아진다. 황제의 게걸스러운 시식을 신호로 사자들이 배를 불리는 사이 불청객이 떼거리로 나타났다. 초원의 청소부라는 하이에나들이다. 대여섯이나 되는 볼품없는 손님들이 사자 무리의 식사를 지켜보며 군침을 삼키다가 슬금슬금 끼어들자 황제가 흰 이를 드러내 보이며 으르렁! 일갈한다. 불청객들은 깜짝 놀라 주춤주춤 물러서면서도 포기할 생각은 아예 없다. 그렇게 신경전을 벌이는 사이 초원에는 어느덧 노을이 드리우고 사자들의 식사도 끝났다. 사자 무리가 어슬렁거리며 사라지자 뼈만 앙상한 들소시체를 놓고 하이에나 무리의 만찬이 벌어졌다. 그들에게는 정글의 법칙이 오륜五倫이다.

나는 요즘 몇몇 종편 방송을 보다가 문득 문득 사자와 하이에나들의 만찬을 떠올리곤 한다. 큰 사건이 터질 때마다 무슨 전문가라는 사람들이 모여 벌이는 토크쇼가 흡사 포식동물들의 만찬을 연상케 하는 것이다. 사회자가 이야기 손님들보다 한 옥타브 높고 격앙된 목청으로, 맹수들에게 고깃덩이 던지듯 화두 하나를 던지면 이야기손님들이 차례로 덤벼들어 할퀸 자리 또 할퀴고 깨문 자리 한 번 더 물어뜯어서 단박에 요절을 내고 만다. 출연자는 대개 정치평론가, 변호사가 주축을 이룬 단골손님들인데 이들의 이야기를 듣노라면 주제가 무엇이든 전문가가 무색할 식견과 일도양단의 단호한 판단, 추상같은 질타에 죄 없는 사람까지 주눅이 들 지경이다.

세월 호 참사, 성완종 사건, 4 · 29 재보선 결과를 두고 1년여 동안 어지간히 재미를 보더니 요즘은 메르스 사태를 성토하기에 바쁘다. 그들의 입담에 넋을 잃다 보면 당장 나라 전체에 큰 변고라도 일어날 것 같아 불안하다. 하지만 비전문가이면서 전문가를 앞질러 재단하는 그들의 이야기가 어쩐지 사자들이 풀잎 먹는 소리 같아 재난 주간 방송사로 채널을 돌려보면 대개 평상시나 다름없는 평범한 프로가 진행되고 있다. 갈피를 잡을 수가 없어 원래 채널로 돌아와 보면 사자들이 먹다 남은 음식으로 하이에나 무리들이 벌이는 만찬처럼 주제는 그대로인데 손님만 바뀌어 있어 더 헷갈린다.

싫으면 안 보면 그만이련만 욕하면서 보게 되는 막장드라마처럼 묘한 중독성이 있어 하이에나의 만찬 같은 그 장면을 또 보면서 불안해하고 있다.

문득 초원의 포식자들의 근황이 궁금하다.

킹메이커

대통령 선거전이 막을 내렸다. 이미 실패한 전력이 있는 세력에게는 정권을 내줄 수 없다는 측과, 민생을 파탄 낸 정권은 물러나야 하다는 측의 싸움이 가히 이전투구였다.

"나는 준비된 여성 대통령이다"

"나는가난한 사람들을 보듬어 줄 서민 대통령이다"

이런 주장이 맞서자 첫 번째 킹메이커가 나타났다. 연세대학교 심리학과의 항 모 교수가 어느 TV방송에서 "생식기가 여자라고 여자냐" 어쩌고 하여 여성 대통령론을 깎아내리는 바람에 여성계의 항의가 빗발친 것이다. 그 교수는 얼마 전에도 김연아 선수의 교생실습을 두고 "쇼 한다."는 평가를 내렸다가 항의를 받은 일이 있다. 글쎄, 김연아 선수가 손가락질 받을 무슨 빌미를 주었는지 여부를 떠나 딸 벌밖에 안 되는 학생에게 "쇼 한다"는 표현은 교수님답지 않다는 비판을 받았다. 선거 결과 실제로 여성 후보가 더 많은 여성 표를 얻었으니 역효과만 낸 꼴이었다.

"박근혜는 독재자의 딸로 청와대에서 호의호식하며 자란 공주님이고, 나는 가난한 시장 상인의 아들인데 누가 서민의 고충을 더 잘 이해하고 챙기겠느냐?"

정권교체를 외치는 쪽에서 이렇게 나오자,

"장관, 비서실장 두루 지내고, 변호사 하면서 거실에 몇 백만 원인지 몇 천만 원인지 하는 의자 놓고 사는 사람이 무슨 서민이냐?"

며 맞받았다.

이렇게 시작된 싸움판에 한국 IT의 대부 격인 안철수가 '새정치'의 기치를 들고 뛰어들자 동시다발로 튀어나오는 "단일화"소리가 초여름 밤의 개구리소리보다 시끄러웠다. 우여곡절 끝에 어정쩡한 단일화가 이루어지자 양 강 후보 간의 지지율이 비슷해져서 양 진영이 모두 몸들이 달았다. 단일화 이후 안 후보는 흡사 누구를 비웃는 듯한 입모양으로 강아지에게 껌 주듯이 무슨 선문답 같은 아리송한 화두를 던져 어른들을 헷갈리게 하면서 젊은 층의 투표를 독려했다. 그 덕인지 '필승'의 분수령이라는 70%대를 훨씬 웃도는 투표율을 기록했지만 출구조사의 오차범위도 뛰어넘는 표차로 패했으니 안 후보의 지원이란 것도 결과적으로는 이적행위가 된 셈이었다.

선거도 전쟁이라면 후보는 장수인 셈이다. 아무리 뛰어난 장수라도 부하들과 손발을 맞추지 못하면 이길 수 없다. 그래서 선거운동의 행태를 보면 승패를 짐작할 수 있다. 장수는 대의명분을 세워 큰 틀의 공약을 목이 쉬도록 외치고 다니는데 참모들은 사소하고 쩨쩨한 일로 김을 뺀다.

박근혜 후보가 어느 시장 통에서 상인 할머니가 내민 손을 피해 뒷짐을 진 듯한 사진이 떠돌았다. 시장 할머니가 악수를 청하는데 그 손이 지저분해서 피했다는 것이다. 유권자의 손이라면 뿌리쳐도 잡아야 할 후보가 내민 손을 뿌리치다니… 너무 많은 악수를 하다 보니 손이 붓고 일시적으로 마비가 와서 등 뒤로 돌려 주무르는 장면이 어느 민완(?)기자의 카메라에 잡힌 것이다. 취재한 기자나 그걸 기사라고 보도한 언론이나, 그런 보도에 고무된 진영 캠프나 유치하다는 핀잔을 면하기는 어려웠을 것이고 그런 이미지가 자기편 후보에게 좋은 영향을 미쳤을 리 없다.

이번 선거에서 가장 흥미 있는 볼거리는 후보들 간의 TV토론이었다. 지지율 40%대의 양강 구도에 1%에도 못 미치는 후보가 같은 자격으로 끼어 든 데다, 그 후보의 입이 가장 야무져서 숫한 화제를 뿌렸다. 두 여성 틈에 낀 한 남성은 입이 야문 여성과는 지난 총선 때 정당 간 연대를 통해 10여 명의 의원을 배출케 한 일도 있지만 지금은 종 북이라는 꼬리표가 붙어 불가근불가원의 떨떠름한 표정이고, 다른 한 여성은 입이 야물지 못해 밀리는 추세였다. 집권하면 재벌을 해체하겠다, 북한과는 어쩌겠다는 둥 의기양양한 진보 여성은 무슨 독립 선언이라도 하듯이,

"박근혜 후보 떨어뜨리려 나왔습니다. 반드시 떨어뜨릴 겁니다."

하며 암팡지게 대들었다. 2차 토론에서도 같은 말을 되풀이한 이 여성은 3차 토론을 앞두고는 국고 보조금 27억 원만 챙긴 채 사퇴하고 말아 '먹 튀'했다고 떠들썩했다. 하지만 암묵적으로 지지한 야당 후보는 떨어지고, 반드시 떨어뜨리겠다던 상대가 당선됐으니 그 야무진 입도 결국 이적행위에 지나지 않았던 셈이다.

이들 말고도 킹메이커는 많았다. 1차 토론이 끝나자 박근혜의 '지하 경제 활성화' 발언이 구설에 올랐다. '양성화'를 '활성화'로 잘못 말한 것이란 해명이 있었고, 누가 봐도 실수였지만 어느 야당 의원은 TV에 나와서 그것이 박근혜의 진심일 거라고 우겼다. 한 나라의 대통령 후보가 범죄에 해당하는 지하경제를 활성화할 생각을 가졌다고 덮어씌우는 것이 과연 자파에게 이익이 될까? 그런 사례는 정도의 차이는 있을지언정 이긴 쪽을 포함해서 유권자들이 민망할 만큼 많았다.

그런데 따지고 보면 이들이야말로 숨은 킹메이커들이다. 다만 자파 장수에 대한 비뚤어진 충성심이 적장을 킹으로 만들었다는 점이 안쓰러울 뿐이다.

나는 이 글을 누구에게 쓰는가

명색이나마 수필가로 행세하기 20여 년, 그동안 꽤 많은 글을 써오면서 문사가 된 기분에 스스로 도취되기도 했다. 그러나 요즘 들어 글쓰기에 회의를 느낀다.

글을 쓰는 것은 인간의 정신문화에 기여하는 작업이다. 따라서 그 많은 문사들이 날마다 쏟아내는 글들이 제구실을 했다면 사회도 그만큼 높은 문화 환경이 조성됐어야 하련만 점점 더 혼탁하고 각박해지기만 하니, 건강에 해롭다는 줄담배 피워가며 그런 쓸모없는 작업을 왜 해야 하는가.

정파 간, 지역 간, 세대 간, 계층 간의 갈등이 사회를 불안하게 한 것은 어제 오늘의 일이 아니지만, 회의가 더욱 깊어진 것은 노부모가 자식을 상대로 부양 의무 이행을 청구하는 소송이 한 해 동안 200여 건이나 제기됐다는 기사를 보고 나서였다. 생활 능력이 있는 자식이 있다는 이유로 정부의 생활보호 대상에서도 제외되어 살 길이 없는 노인들이라고 한다. 그중에는 자식을 9남매나 둔 부모도 있다는 것이다. 소송이라도 할 능력이 있는 노인이 많지 않으리라는 점을 감안하면 그 심각성을 짐작할 만하다.

기사가 인터넷에 뜨자,

"부모가 자식을 사랑하고 양육하는 것은 본능적인 것이니 양육하는 과정, 그 자체가 보상이다. 자식들도 부모가 자신에게 한 것처럼 제 자식만 잘 기르면 된다."

이런 취지의 댓글까지 달렸다. 세태가 이렇다 보니 스스로 살 길을 찾는 노인들도 있다. 무연고 독거노인으로 가장하여 공공복지 시설에 몸을 의탁하는 것이다. 그런 노인이 자꾸 늘다보니 시설 측에서도 지문을 단서로 신원을 확인해서 자식들을 찾아 통보하지만 모셔가는 자식은 거의 없고, 오히려 주소를 바꿔 연락을 끊는다는 것이다.

공자의 제자가 스승에게 물었다.

"부모님을 배부르게 해드리면 효도하는 것입니까."

스승이 대답했다.

"개나 소도 배불리 먹이는데, 그러면 개나 소에게 효도했다고 할 것이냐."

공자는 중국 사람이다. 그 공자의 고향 중국에서도 요즘 효자 100만 명 양성하기 운동을 벌이고 있다는 소식이다. 4~5세

어린이들에게 3개월간 공자, 맹자를 가르치고, 이 과정을 통과하면 다시 3년 동안 추가교육을 실시한다는 것이다. 인구가 13억이 넘는다는 중국에서 고작 100만 명 효자 만들기 운동이라니….

이제 '효도'는 낡은 언어가 됐다. 시대에 뒤떨어진 늙은이들의 푸념이 됐다. 어느 신세대 새댁의 가계부 지출 항목에 '촌년 용돈'이라고 적혀 있더란다. '촌년'은 시어머니를 이르는 말이었다고 한다. 부모를 내다 버리는 자식들도 허다한 세상에 '촌년'에게 용돈까지 주었다니 효부상감이다.

이렇듯, 개나 소만한 대접도 못 받는 부모들이 자꾸 늘어가고 있다. 월남이 패망하고 이른바 '보트피플'들이 망망대해를 헤매던 1970 년대 말, 대만의 어부가 남해의 무인도에서 굶주려 뼈만 남은 시체와 함께 혈서가 쓰인 셔츠 하나를 발견했다. 셔츠에는 이렇게 씌어 있었다.

남해의 이름 모를 산호초 섬에서 나는 소라 껍질에 피를 묻혀 이 글을 쓴다. 우리 일가는 열한 식구였다. 큰형은 월남 전쟁의 포화에 죽고, 조카는 해방 전의 유탄에 죽고, 93세의 노모와 7세의 조카는 해방 후 인민정부의 보살핌 속에 굶어서 죽고, 둘째형은 집단 수용소에서 훔쳐 먹다가 즉결처형 당했다. 어머니는 배를 타다가 물에 빠져 죽고, 아내는 해상에서 해적한테 죽고, 나는 헤엄쳐 이 산호초에 닿았다. 바다와 하늘은 망망한데 나는 누구에게 이 글을 쓰는가….

우리도 한때 비슷한 수난을 겪었지만, 이제는 세계 10대 경제대국이 되었다. 다만 물질적 풍요가 행복의 척도가 될 수 없다는 것이 안타까울 뿐이다.

≪행복어사전≫의 작가 이병주의 어느 저서에서 이런 구절을 읽은 기억이 난다.

"글을 쓰는 것은 도도한 탁류에 맑은 물 한 바가지를 타는 작업이다."

13억의 도도한 인파 중에서 100만 명의 효자를 건져내려는 중국인들의 노력을 이해할 만하다.

문학인이라면 모름지기 '도도한 탁류에 맑은 물 한 바가지'라도 보태야 할 책무를 짊어진 사람들이고, 나도 그중의 한 사람이다. 그걸 알면서도 자꾸 자신감이 무너지는 것은 부끄러운 일이다.

나는 지금 산호초에서 죽어간 보트피플의 심정으로 이 글을 쓴다.

−나는 누구에게 이 글을 쓰고 있는가.

부끄럽다

내가 처음으로 부끄러움을 안 것은 두 살 터울인 동생이 혼자서도 대소변을 가릴 만큼 큰 다음이었을 것이다.

어느 날 밤 동생과 한 이불 속에서 자다가 오줌을 쌌다. 동생은 자주 저지르는 일이지만 나로서는 전에 없던 일이라 여간 부끄럽고 당황스럽지 않았다. 날이 밝아 식구들이 이 일을 알게 될 걸 상상하니 얼굴이 화끈거려 견딜 수가 없었다. 오줌싼 일이 만천하에 알려지면 친구들 앞에는 또 어떻게 얼굴을 내민단 말인가. 생각할수록 잠이 달아나버려 엎치락뒤치락 하다가 꾀를 냈다. 아직 잠에 빠진 동생을 타고 넘어가 슬그머니 밀치고 자리를 바꿔 누운 것이다.

날이 밝아 이부자리를 개는 엄마의 눈치를 살펴보니 혀를 끌끌 차고 마는 품이 동생의 소행으로 여기는 게 분명했다.

위기는 넘겼지만 마음이 편치 않았다. 아니나 다를까, 그날 아침 죄 없는 동생이 키를 쓰고 이웃 문학이네 집에 가서 소금을 얻어 와야 했다. 문학이 어머니는 동생이 들고 간 쪽박에 소금 한 줌을 담아 주고는 부지깽이로 키 쓴 등짝을 탁탁 치며 다시는 오지 말라고 엄포를 놓았다. 나는 그 날 동생이 당하는 수모를 숨을 죽이고 지켜보면서도 내가 쌌노라고 나설 용기는 내지 못했다. 그날 동생에게 평소에 안 하던 온갖 호의와 친절을 다 베풀었지만 부끄럽고 미안한 마음은 아직도 가시지 않고 있다.

후에 맹자를 배우면서 그런 마음이 수오지심羞惡之心이라는 걸 알았다. 맹자가 성선설性善說의 근거로 제시한 사단四端 에는 수오지심 외에 측은지심惻隱之心 사양지심辭讓之心, 시비지심是非之心도 있다. 인간은 본래 인의예지仁義禮智로 집약되는 네 가지 착한 본성을 타고난다고 한다. 그렇다면 나 또한 그렇게 태어났으련만 어찌하여 그 어린 나이에 벌써 동생을 모함하여 제 위기를 모면하려는 발칙한 꾀를 냈더란 말인가.

돌이켜보니 어느덧 70년 세월이 흘렀다. 한국 현대사의 험난한 질곡을 다 겪은 셈인데 그렇게도 발칙하던 아이가 아직 별 탈 없이 살고 있다는 게 신기하고 고마워서 이제라도 만사에 감사하며 착하게 살자고 다짐한다.

그 시절의 내 나이 또래로 초등학교 입학을 앞둔 손자 녀석은 장래 희망이 자못 화려하다.

첫째는 판사가 되어, 그림을 못 그린다고 저를 놀려먹는, 이웃에 사는 아무개 형아를 감옥에 가두어 다시는 못 놀리게 하고, 두 번째는 외교관이 되어 북한에 가서 높은 사람들과 잘 의논하여 남북통일을 이룰 것이며' 그 다음으로는 피아니스트가 되어 많은 사람들의 박수를 받은 다음, 마지막으로 대통령이 되어 우리나라 사람들이 다 잘살게 하겠다는 것이다.

이렇듯 되고 싶은 직업이 많으면서도 아나운서만은 절대대로 안 하겠다는데, 그 이유는 매일 나쁜 뉴스를 말해야하기 때문이라고 한다. 뜻밖이기는 하지만 앞에 열거한 직업들이 워낙 화려한지라 희망 직업군에서 아나운서 하나쯤 제외시킨들 크게 아쉬울 게 없을 법도 하건만 일말의 죄책감 같은 걸 떨칠 수가 없었다. 하기야 방송에서 전하는 소식들이 반갑고 기쁘고 즐거운 이야기는 드물고 끔찍한 이야기, 듣기 민망한 이야기, 겁나는 이야기로 채워지기가 예사이니 어린 아이인들 그것들을 다 흘려듣거나 외면했을 리가 없다.

그렇다 세상이 이토록 각박해진 게 어찌 남의 탓 만이겠는가. 늙은이 멸시하는 젊은이, 나라에 불만 품은 젊은이들에게, 오늘 날 우리나라가 이만큼 사는 게 누구 덕인 줄 아느냐고 생색을 내지만 오늘날 우리 사회에 수오지심羞惡之心이 사라져 나쁜 일, 나쁜 소식이 판을 치게 된 책임 또한 할아비 세대가 나누어 져야할 몫이다.

아나운서는 안 되겠다는 손주 녀석 보기가 부끄럽다.

결승선

2010 밴쿠버 동계올림픽에서 피겨스케이팅의 김연아 선수가 세계기록까지 세우며 이 종목에서는 우리나라 최초로 금메달을 차지해 세계적인 스타가 되었다.

김연아의 피겨 경기가 숨을 죽이고 보는 분위기였다면 스피드스케이팅의 이상화 선수가 뛴 경기장은 열광의 도가니였다. 여자500m 결승에 출전한 선수들이 출발 총성과 함께 준마처럼 질주하는 동안 관중들은 각기 자기나라 국기를 흔들며 열광했다. 마침내 선두주자가 간발의 차로 결승선을 통과하는 순간 함성은 환호와 탄식으로 갈렸다. 코리아의 이상화 선수가 독일의 세계기록 보유자 예니 볼트 선수를 제치고 1위로 골인한 것이다. 나중에 들으니 그 차이가 거리로는 스케이트날 하나 길이, 시간으로는 0.05초라고 했다.

하지만 그보다 더 극적인 우승으로 이미 세계적인 화제를 불러일으킨 선수가 있었다. '98 나가노 동계올림픽 쇼트트랙 남자1000m 결승에 출전한 김동성 선수는 세계1인자인 중국의 리자 준과 막판까지 피 말리는 선두 경쟁을 벌였다. 마지막 바퀴를 돌아 결승선 바로 앞에 이르렀을 때까지 누가 봐도 상체가 리자 준에 간발의 차로 뒤져 기대를 접으려는 순간 기적이 일어났다. 중국 선수의 우승을 아무도 의심하지 않는 바로 그 찰라에 김동성이 한쪽 발을 불쑥 내밀어 피니시 라인을 먼저 밟은 것이다.

우리 선수가 금메달을 받아 기분은 좋으면서도, 잔꾀로 볼 수밖에 없는 막판 발 내밀기로 희비가 엇갈린 두 선수의 모습에서 현대인들이 벌이고 있는 생존경쟁의 축소판을 보는 것 같아 처연했다.

볼일이 있어 집을 나서면 버스 정류장 앞 4차선 도로에는 자동차의 홍수가 스케이트 선수들보다 더 빠른 속도로 숨 가쁜 경주를 벌이고 있다. 이 길이 옛날에는 여주, 이천, 장호원 쪽에 사는 사람들이 농산물을 이고 지고, 소 등에 싣고 한양으로 가던 길이다. 삼남 지방에서 한양으로 과거 보러 가는 유생들이 괴나리봇짐에 짚신 꾸러미를 매달아 지고 열흘 보름씩 걸어 한양으로 가던 길이기도 하다. 광나루 못 미쳐 석바대(지금의 하남시)에는 그 시절 길손들과 소나 말을 먹이고 재워주던 마방집이 지금도 음식을 팔고 있지만 이제는 사람도 소도 자고

가는 일은 없다. 한양이 전국 어디서나 한 나절 거리도 못 되는 이웃이 됐기 때문이다.

현대인들에게는 그보다 더 편리한 것도 있다. 남녀노소 누구에게나 필수품이 된 휴대전화가 그것이다. 손바닥보다 작은 납작한 기계 하나로 지구촌 어디에 있는 사람이든 불러 이야기를 나눌 수 있는가 하면, 다섯 수레의 책을 읽어도 얻기 어려운 온갖 지식, 정보를 다 꺼내볼 수 있고, 돈 거래며 서신 왕래 길 찾기 등 별별 일을 다 할 수가 있다. 인류 역사를 통틀어 어느 황제도 누리지 못한 호사를 누리고 산다.

갈아 신을 짚신까지 짊어지고 중도에서 몇 밤을 자고서야 당도하던 한양 천리를 한 나절이면 갈 수 있고, 손가락 하나로 엄청나게 어렵고 많은 일들을 다 해결하게 됐으니 사는 일도 그만큼 한가해야 하련만 오히려 더 바빠져서 무엇에 쫓기는 사람들처럼 필사적인 경주를 벌이고 있는 것이다.

이처럼 앞 다투어 뛰면서도 정작 도달해야할 지향점이 분명한 사람은 별로 없는 것 같다. 왜 뛰는가. 어디를 향해 뛰는가. 남들이 뛰니 덩달아 뛰고 모두가 그 방향으로 뛰니 나도 휩쓸려 뛴다. 제 몸 하나 건사하려고, 혹은 어린 자식 먹여 살리려고 뛰는 사람이야 그것이 동물적 본능이라 하더라도, 가진 것을 다 주체하기 어려운 사람들까지 맹렬히 뛰니 맹목적으로라도 뛰지 않고 있으면 낙오자로 전락하여 외톨이가 될 것 같은 위기감이 엄습해오는 것이다.

생각해보니 나도 참 많이 뛰었다. 80년이 다 되록 뛰어와 도달한 곳이 지금 내가 서 있는 여기 이 자리다. 하지만 여기가 어디쯤인지 쉽게 가늠이 되지 않는다. 구름 같은 군중 속에 휩쓸려 정신없이 뛰다 보니 등수는 차치하고 방향이나 제대로 온 것인가 싶어 두리번거리게 된다.

어차피 동물적 본능의 질주였으니 낙오하지 않은 것만도 요행이다. 머리카락 한 올 차이로 금, 은, 동을 가리는 운동경기에 비하면 그나마 한결 여유도 있었다.

어제는 뇌출혈로 쓰러진 친구를 문병하고 왔다. 그도 나만큼이나 질곡의 장거리 경주를 해온 친구다. 코에 고무호스를 끼고 두 주일째 인사불성으로 깊은 잠에 빠져있는 친구의 퉁퉁 부은 얼굴이 결승선 앞에 지쳐 쓰러진 경주 선수 같아 가슴이 아렸다.

얼마인지 모를 남은 노정, 낙오자가 될지언정 이제부터라도 뛰지 말고 천천히 가기로 다짐한다.

펜의 비애

"펜은 칼보다 강하다"

이런 말을 처음 들은 것이 몇 살 때였던지는 기억이 희미하지만 그 무렵부터 글 쓰는 사람이 대단해 보였던 것만은 분명하다. 다만 내가 아는 '글 쓰는 사람'이란 시인이나 소설가가 아니라 신문기자였다. 그도 그럴 것이 시인이나 소설가를 두려워하는 사람은 본 일이 없지만 신문기자라면 중앙 일간지의 지방 주재기자만 돼도 관할구역의 한다하는 실력자들조차 꼬리를 사리는 것이 예사였기 때문이다.

내가 그 말의 참뜻을 이해한 것은 고등학교 때 루쉰(魯迅)을 알고 나서였다.

루쉰은 저장성(浙江省) 사오싱시(紹興市)의 지주 집안에서 태어났다. 할아버지가 중앙정부의 내각중서內閣中書였기에 비교적 유복한 유년기를 보냈다. 그러나 소년 시절 할아버지가 지역 과거시험의 부정사건에 연루되어 투옥되고, 아버지마저 동네 의원의 잘못된 처방으로 병사하면서 집안이 몰락하여 생활고를 겪다가 17세 때는 난징 시의 강남수사학당江南水師學堂이라는 군사학교에 들어갔는데, 군사학교를 경시하던 당시의 사회풍조 때문에 이름을 장수에서 수런(樹人)으로 바꾸고, 성적 우수생으로 국비지원을 받아 서양식 설비와 교과목을 갖춘 광로철로학당(礦務鐵路學堂)에서 공부했다.

학당 졸업 후 22세 때 관비유학 자격을 얻어 일본 고분학원(弘文學院)에 입학해 일본어와 과학 기초지식을 배운 뒤 1904년 9월부터 센다이 의학 전문학교에서 의학을 전공한다. 이 무렵부터 반청反淸 혁명단체인 광복회光復會에 가입하는 등 국내 문제에도 관심을 기우리다가, 2학년 때 환등기를 이용한 세균학 수업 시간에 본 시사 관련 자료 중에 러일전쟁에서 러시아군의 스파이 노릇을 하다 일본군에게 간첩 혐의로 잡힌 중국인이 사형당하는 장면을 보게 된다. 자국민이 일본군에게 무자비하게 처형당하는 장면을 빤히 보면서도 분개하기는커녕 남의 일 보듯 하는 동료들의 모습을 보고, 의술보다 시급한 것이 민중 정신의 개조라는 생각에 의학도의 길을 포기하고 문학을 선택, 도쿄로 옮겨서 글을 쓰기 시작했다. 그런 루쉰이지만 한 때는 절망에 빠져 글쓰기를 포기한 적도 있었다. 그 무렵의 심경을 친구 진셴동(錢玄同)에게 이렇게 말했다고 한다.

"가령 철벽으로 밀폐된 방이 있다고 치세. 창문은 하나도 없고, 절대로 부술 수도 없는 방일세. 그 속에는 많은 사람들이 곤히 잠들어 있네. 그러니 오래 지나지 않아 모두가 질식해 죽을 수밖에 없네. 그러나 그들은 혼수상태라 죽음의 슬픔이나 고통은 느끼지 못하는 거야. 그런데 자네가 지금 큰 소리를 쳐서, 다소 의식이 있는 몇 사람들을 깨웠다고 하면, 도저히 구원의 여지가 없는 사람들에게 임종의 고통을 맛보게 하는 셈이 되는데, 그렇게 하는 것이 오히려 그들에게는 못할 짓이라고 생각되지 않는가?"

이는 당시 자신이 살았던 중국의 현실을 결코 단번에 부술 수 없는 철로 밀폐된 방으로, 온 국민을 그 안에서 깊은 잠에 빠진 채 질식해 죽어갈 사람들로 보고, 가망 없는 미래를 꿈꾸는 소설 따위는 안 쓰는 게 낫겠다고 토로한 하소연으로 보인다.

그러나 친구는 이렇게 말한다.

"하지만 그 중에 의식이 깨어난 사람이 몇이라도 있다면 그 철로 된 방을 때려 부술 희망이 전혀 없다고는 할 수도 없지 않은가?"

이 말을 듣고 다시 펜을 들어 쓴 그의 첫 번째 소설이 ≪광인일기≫라고 한다. 잇따라 발표한 아Q정전은 지금도 세계적인 명작으로 꼽히고 있다. 그는 이런 말도 남겼다.

"용감한 자는 분개하면 자기보다 강한 자를 향해 칼을 들고, 비겁한 자는 분노하면 자기보 다 약한 자를 향해 칼을 든다."

"세상의 공정한 평가는 사람을 겸손하게 만들고, 불공정한 평가는 사람을 오만하고 냉소 적으로 만든다."

몇 해 전, 문우 몇이 상하이 시 루쉰 공원 안에 있는 루쉰 기념관에 간 일이 있다. 이층으로 된 웅장한 기념관에는 방대한 분량의 자료들이 전시돼 있고, 루쉰의 조상, 초상화화며 동상도 세워져 있었다. 루쉰에 대한 중국인들의 애정과 존경심이 엿보여 나 역시 부러움과 존경심을 안고 돌아왔다. 그러나 들리는 얘기기로는 아직도 중국인들의 의식이 루쉰의 기대에는 못 미치는 것 같아 씁쓸하다.

"중국인은, 불의는 참아도 불이익은 못 참는다."

최근, 중국의 한 지성인이 자조하듯 토로했다는 탄식 일성이다. 아무리 심한 불의를 봐도 관여해서 내게 불이익이 돌아올 일이면 못 본체한다는 것이다. 정도의 차이는 있을지 몰라도 우리나라라고 크게 다르지 않다.

사정이 이렇다 보니 요즘 중국에서는 대대적인 부정부패 타파운동이 벌어지고 있고, 우리나라에서도 세월 호 참사를 계기로 무슨, 무슨 '피아' 처결을 외치는 와중에 국회의원 비리, 윤일병 살해 사건까지 잇따라 터져 온 나라가 뒤숭숭하다.

펜이 칼보다 강하다는 말은 정의가 무력을 이긴다는 뜻이다. 중국에도, 한국에도 '펜'은 많지만 정의감이 실종된 것은 펜의 비애가 아닐 수 없다.

말

나는 어려서 말을 잘 한다는 칭찬을 들었다. 또래 아이들보다 말을 조금 일찍 배웠던 모양이다.

왜정 말년, 초등학생이 된 어느 날 선생님이 일본말로 옛날 얘기를 할 수 있는 사람은 손을 들어보라고 했다. 한참 망설이다가 손을 들고 둘러보니, 나 말고 손을 든 친구는 구니모토 하나뿐이었다. 그 아이는 일본인 교장의 아들이었다. 선생님은 먼저 나를 지목했다.

나는 이웃에 사는 재종형이 읽는 국어(일본어)책 속의 모모타로 이야기를 따라 읽다가 익힌 터라 그걸 외워서 박수를 받았다. 다음으로 지명된 구니모토는 요령부득의 무슨 이야기를 더듬더듬 몇 마디 지껄이다가 머리만 긁적였다. 그 일이 빌미가 되어, 조회 시간에 전교생 앞에서 일본어로 자기소개를 한

다음, "민나데 벵쿄 우레시 나…" 어쩌고 하는 노래까지 불러서 교장 선생님의 칭찬을 들은 일도 있다. 바로 그 해에 해방이 되어 한글 1세대가 된 몇 해 후에 우리 반 자치회장이 된 것도 이렇듯 '주둥이가 야문'(어른들 말씀) 덕이었을 것이다.

요즘 여럿이 모이는 회식자리에는 의례 건배 제의라는 절차가 있다. 대개 좌중에서 가장 연장자가 하기 마련인데, 자리에 걸 맞는 덕담이나 재치 있는 유머로 분위기를 잡는 말솜씨에 감탄할 때가 많다.

나도 나이가 들다 보니 가끔 건배사 요청을 받는데 곤혹스럽기 짝이 없다. 할 말이 많을 것도 같은데 막상 운을 떼려면 그 야물던 '주둥이'는 어디 갔는지 말문이 막히는 것이다. 나는 명색이 '말'을 다루는 수필가이니 건배사 몇 마디쯤은 쉽게 나올 법도 하건만, 도무지 할 말이 떠오르지를 않는 것이다. 한참 머뭇거리다가, 외마디 소리로 "건강을 위하여!" 또는 "아무 거나 위하여!" 하고 한 마디 내뱉고는 그 쑥스러운 심기를 술잔으로 달랜다. 하지만 그건 약과이고, 어쩌다 '축사' 요청이라도 받으면 등줄기에 식은땀이 흐를 지경이다. 수필을 형식이 없는 글이라고 하거니와, 늘 형식 없는 수필만 쓰다가 형식을 갖춘 행사의 축사를 하려니 미상불 현란한 달변으로 주최 측을 띄워야 할 터인데, 마음에 없는 수사를 늘어놓자니 차마 입이 떨어지지 않고, 그렇다고 진심만을 말하자니 맥이 빠져 분위기를 가라앉힐 것 같고….

그래서일까? 말을 두고는 속담도 많다. “말 한 마디에 천 냥 빚 갚는다.” “발 없는 말이 천 리 간다.” “가는 말이 고와야 오는 말도 곱다.” “말 많은 집은 장맛도 쓰다.” “말이 많으면 쓸 말이 적다….”

우리나라 정치인들은 말을 참 잘 한다. 아니, 잘 만들어낸다.

얼마 전 서울시가, 학생들의 무상 급식을 단계적으로 할 것이냐 즉시 실시할 것이냐를 놓고 주민투표를 했다. 투표율이 총유권자의 삼분의 일에 미달하면 투표 자체가 무효라는 관련 법 때문에 투표를 발의한 서울시 측에는 비상이 걸린 반면, 서울시 교육청과 야당 측에서는 결정타를 날릴 기회를 잡았다는 분위기였다. 교육감 보궐선거 당시의 투표율이 15.5%에 불과했던 점으로 미루어 투표율만 낮추면 이길 수 있다는 계산이 섰을 것이다.

투표일이 공고되자 거리 곳곳에 찬 반 현수막이 내걸렸다. 내용을 보니 시장 직까지 걸고 투표 참여를 독려하는 서울시 측의 구호는 느슨하기 짝이 없는데, 상대 측 구호는, 2세 교육의 총괄 기관답지 않게 비겁하고 비교육적이기는 하지만 간단 명료했다.

‘나쁜 투표, 착한 거부’

투표하는 사람은 나쁜 사람이고 투표를 거부하는 사람은 착한 사람이라?

결국 투표율이 25.6%에 머물러 투표는 무효가 되고 말았다.

여 · 야 구별 없는 투표 독려에도 불구하고 투표율이 15.5%에 그친 선거에서 겨우 삼분의 일 남짓한 지지를 얻어 당선한 교육감이, 그 집요한 방해 속에서도 25%가 넘는 투표율을 이끌어낸 시장을 몰아내는 기현상이 벌어졌다.

그런데 그다지도 기세가 등등하던 교육감이 검찰 조사를 받는 변고가 일어났다. 교육감 선거 때 후보를 단일화해준 대가로 현금 2억 원 외에 무슨 부위원장 직도 준 혐의라는데, 당사자의 해명이 선거구호 못지않게 명료했다.

"선의였다."

이 말이 보도되자 누리꾼들이 들끓었다. - 혹시 선의로 저한테 2억 주실 분 안계십니까…. 2억이 뉘 집 강아지 이름이냐…. 말도 안 되는 변명 그만하고 즉시 물러나라…. 이렇듯 '선의'가 뜻대로 먹혀들지 않자 '긴급 부조'라는 기발한, ―그러나 궁색한― 변명까지 내놨지만 결국 구속 수감되고 말았다.

며칠 전, 손자 녀석이, 컴퓨터 마우스를 조작해가며 공룡 그림에 색칠을 하고 있기에 잘 한다고 추켜 줬더니, 하는 말이 세 살짜리 치고는 좀 건방졌다

"이거 별 거 아냐!"

그래도 하는 짓이 기특해서, 말만 잘하는 정치가는 되지 말라며 머리를 쓰다듬어 줬다.

법 없는 세상에 살고 싶다

늦게 얻은 손자 녀석이 밥상머리에 앉아 참견을 시작할 무렵, 아이에게 밥상이 너무 높아 의자 하나를 사주었다. 바닥과 등받이에 뽀로로 캐릭터가 그려진데다가 앉으면 삑 삑 소리까지 나서 아이가 여간 좋아하지 않았다. 아이는 제 어미 아비 따라 주말에나 한 번씩 다녀가니 평일이면 우리 내외는 주인 없는 의자를 아이 보듯 쳐다보며 아이 올 날을 기다리곤 했다,

그렇게 몇 해를 지내는 동안 손녀가 태어나고, 그 아이도 밥상머리에 한 자리를 차지하게 되자 남매간에 다툼이 벌어졌다. 누이동생은 의자를 제가 차지하겠다고 오라비를 밀쳐대고, 오라비는 안 된다고 뿌리치며 아귀다툼을 벌이는 것이다. 오라비를 설득해 의자를 동생에게 양보하게 하고 오라비에게는

의자 하나를 새로 사주었다. 같은 크기에 같은 그림이라 그렇게만 하면 별 문제가 없을 줄 알았더니 그게 '공주님'의 눈썰미를 간과한 오산이었다. 새 의자를 보자 그 동안 그렇게도 좋아하던 헌 의자는 그야말로 헌신짝 버리듯 팽개치고 새 의자를 제가 가지겠다고 떼를 쓰는 것이다. 몇 번의 실랑이 끝에 오라비가 또 양보를 하고서야 조용해졌는데, 양보만 하는 손자 녀석을 보니 저렇게 착해빠져서야 험한 세상을 어떻게 사나 싶고, 영악스러운 손녀를 보니 저렇게 영악한 걸 어느 놈이 데려가려나 싶어 혼자 웃으면서도, 재산싸움 하느라 서로 헐뜯고 으르렁대며 법정에 불려 다니는 어느 집 자식들이 떠올라 씁쓸했다.

옛날에는 아이나 어른이나 먹는 일만 해결되면, -아니 먹는 일이 좀 어려워도 요즘처럼 아귀다툼을 하는 일은 드물었다. 차츰 인총이 늘고 물자도 넉넉해지다 보니 이제는 배가 고파서가 아니라 더 좋은 걸 더 많이 차지하려고 서로 속이고, 훔치고, 빼앗는 등 범죄도 날로 지능적이고 포악해져서 높은 지위에 오르고 많이 가졌다고 마냥 행복만을 구가할 수도 없게 되었다. 아무리 엄한 법을 만들어 감시해도 반드시 그걸 앞지르는 부류가 있다. 지능이 뛰어나고 배운 게 많을수록 더 교묘히 법망을 피하고, 돈으로 권력을 매수하여 사회 정의를 비웃는다. 배가 고파서 작은 죄를 지은 자가 옥살이 하는 동안 탐욕으로 큰 죄를 지은 자는 호화저택에서 희희낙락하는 경우도 허다하니 법도 공권력도 믿을 수가 없다.

중국 춘추전국시대 칠웅 중의 하나인 진나라 왕 혜공에게는 상앙商鞅이란 신하가 있었다. 그는 본래 진나라보다 훨씬 부강한 위나라 사람이었는데 자기 나라에서 벼슬을 못 하자 진나라 왕 혜공을 찾아가 신하가 되었다는데, 그가 왕의 마음을 움직인 건 개혁을 통한 부국강병책이었다. 상앙은 개혁 입법을 하려면 백성들의 신뢰를 얻는 것이 우선이란 생각에 도성 남문밖에 큼직한 기둥 하나를 세워놓고 그걸 북문으로 옮기는 사람에게는 순금 열 냥을 주겠다고 광고했지만 나서는 사람이 없었다. 상금을 스무 냥, 서른 냥으로 올려도 마찬가지더니 50냥으로 올리자 장정 하나가 나타나 어렵지 않게 기둥을 옮겼다. 상앙은 군말 없이 금 50냥을 주어 치하하고 개혁법을 만들어 시행했다. 그런 어느 날 태자가 중벌에 해당하는 위법을 저질렀다. 처벌이 불가피했지만 장차 왕이 될 태자를 벌할 수는 없는지라 태자를 가르친 스승의 코를 베는 것으로 벌을 대신했다. 이를 본 백성들이 저항 없이 법에 복종하니 개혁이 잘 이루어져 나라가 날로 부강해갔다.

그러나 혜공이 죽자 상앙은 그 동안 불만을 품어온 반대파에 쫓기는 신세가 되었다. 도망 길에 밤이 되어 어느 여관에 들려고 하니 주인이 여행증을 보여 달라고 했다. 여행자에게 여행증을 발급하는 건 바로 자신이 법으로 정한 제도였다. 여행증을 미처 챙기지 못한 상앙은 속절없이 자신이 만든 법 때문에 체포되어 처참하게 죽고 말았지만, 그가 다진 나라의 기반은 100년쯤 후에 진시황이 천하를 통일하는 기틀이 되었다. 그러나 중국 최초로 통일을 이룩하고 스스로 '황제'가 된 진시황의 신하 이사李斯는 법치를 하면서도 황제의 비위 맞추기에 급급한 나머지 분서갱유焚書坑儒, 등 악법을 남발한데다가 만리장성을 쌓고 아방궁을 짓는 등 황제의 허세와 방탕이 지나쳐 결국 나라가 망하고 말았다.

이렇듯 고대 진나라의 진시황이 법으로 망한 군주였다면 현대 싱가포르의 리콴유[李光耀] 수상은 법으로 나라를 일으킨 지도자였다. 국부로 추앙받는 그가 세상을 떠나자 자국민은 물론, 박근혜 대통령을 비롯한 각국 정상들이 장례에 참석하는 등 전 세계가 애도했다. 집권 30여 년 동안 사소한 비리, 가벼운 법규 위반도 용납하지 않는 강력한 법치를 펼쳐 국가 기강을 확고히 함으로써 군민 소득이 우리나라의 두 배나 되는 부국을 만들었다.

사소한 법까지 다 지키려면 많은 불편을 감수해야 하지만 국민들이 불평 없이 지도자를 따라준 데에는 그만한 이유가 있었다. 그는 평소 단골로 이용하는 구두 방 수선공도 그가 수상이라는 걸 알아차리지 못할 정도로 검소했고, 세상을 떠날 무렵에는 75년이나 살아오는 동안 낡을 대로 낡아 금방이라도 무너질 듯한 집조차 당신이 죽거든 헐어버리라는 유언을 남기면서, 혹시 그 집에 무슨 기념관 같은 걸 만들기라도 하면 그

지역 일대가 개발제한에 묶여 이웃들에게 피해가 갈 것 같기 때문이라고 하더라는 것이다.

하지만 이런 지도자, 이런 국민은 흔치 않다. 우리나라만 해도 전직 대통령, 고위 관료, 국회의원, 대학교수, 군 장성, 법조인 재벌 등 상류층 인사들이 각종 추태로 줄줄이 쇠고랑을 차도 비리는 줄어들 기미가 보이지 않고, 지금 이 순간에도 뇌물공여를 폭로하고 스스로 목숨을 끊은 어느 사업가 이야기로 세상이 시끄럽다.

법이란 사람들이 더불어 살면서 체득하여 공감대를 형성한 상식을 규율화 한 것에 불과하다. 따라서 건전한 상식을 가진 사람들끼리 상식대로 살 수만 있다면 법 따위는 없어도 그만이다. 그래서 상식대로 정직하게 사는 사람을 법 없이도 살 사람이라 하고, 실제로 세상에는 그런 사람도 많다.

법이 무서워서 지키는 질서는 언제 깨질지 몰라 늘 불안하다. 법을 의식하지 않고 지키는 질서라야 미덥고 오래 간다.

법 없는 세상에 살고 싶다.

종로에는 돼지 꼬리가 있다

돼지를 보면 까닭 모르게 친근감이 간다. 푸짐한 엉덩이 위에서 계집아이 댕기꼬리처럼 팔랑거리는, 덩치에 어울리지 않게 앙증맞은 꼬리를 보면 미소마저 머금게 된다.

우리 속담에 "돼지꼬리 잡고 순대 내놓으라고 한다." 는 말이 있다. 조급하게 굴지 말라는 경구라는 걸 모르는 사람은 없을 터이지만 순대보다 돼지꼬리가 더 맛있는 안주감이란 걸 아는 사람은 많지 않은 듯하다.

90년대 중반쯤이었을 것이다. 군산에 사는 라 형을 서울 종로에서 열린 어느 문학행사장에서 만났다. 워낙 호방한 성격에 50년을 취해서 살았다는 주태백이인 데다가, 그 동안 내게 지운 술빚이 약차한 터라, 섬으로 받은 걸 되로 갚을망정 맨입으로 보낼 수는 없었다.

마침 만난 곳이 내가 일하는 사무실 근처여서 일대의 술집치고 낯선 주인이 드물 정도인터라 어느 술청으로 모실까 궁리 중인데, 라 형이 눈치를 채고,

"성(형), 여기 어디 돼지꼬리 파는 집이 있다며?"

했다. 내가 나이 두어 살 더 먹었다고 그는 나를 꼬박꼬박 '성'이라고 부른다. 이름난 수필가이자 소설로도 일가를 이룬 그가 설마 '형'을 몰라서 그렇게 부르지는 않을 터. 나는 그가 제고장 사투리를 살려 부르는 '성'이란 호칭이 정겨워서 더 각별하게 지내는데, 언젠가 전주에서 만나 마시다가 내가 서울에는 돼지 꼬리를 파는 술집도 있다고 자랑삼아 한 말을 잊지 않고 있었던 모양이다. 아무리 그렇기로서니 삼겹살, 갈매기살, 족발 다 제치고 하필 꼬리라니…. 그래도 나는 그 말이 반가워서,

"그래, 거기가 좋겠다!"

하고 맞장구를 쳤다. 본래 돼지 꼬리는 족발이나 순대만큼도 대접을 못 받는 폐기물에 가까운 부위여서 가난한 사람들에게나 고기 대접을 받았다. 그거나마 어쩌다 한 번씩 얻어먹으며 가난을 이겨낸 사람들은 대개 가난하던 시절에 대한 향수 같은 것을 가지고 있다. 라 형으로 말하면 글뿐만 아니라 사업으로도 성공해서 이제는 부자 소리를 듣지만, 젊어서는 산전수전을 다 겪은 사람이다. 그런 음식, 그런 분위기가 성정에 맞는다는 걸 나도 안다. 게다가 나와는 특별히 체면, 격식을 차릴

필요가 없는 사이이고, 그 값이 군산 부자가 기절할 만큼 싸기도 하니 늘 주머니가 가난한 내 처지에는 안성맞춤이었다.

지하철 1, 3, 5호선이 교차하는 종로3가역에 인접한 종묘공원은 인근 낙원동에 있는 탑골공원과 더불어 수도권의 노인들이 다 모이는 쉼터다. 일대에는 그들을 겨냥한, 터무니없이 싼 음식점이며 이발소들이 많다. 그 무렵의 어느 날, 시인 민 모 선생을 만났을 때는 만 원짜리 한 장으로 해장국 두 그릇에 소주 두 병을 마시고, 셀프 서비스 찻집에 가서 커피 한 잔씩을 더 마시고도 돈이 남아서, 남은 돈을 들어 보이며 웃고 헤어진 적도 있다.

화장품을 담았던 플라스틱 병을 잘라 만든 '앵경함'('함'에 그렇게 씌어 있다)에 돋보기까지 비치한 내 단골 이발소에서는 요즘도 이발료가 3500원이다. '앵경함'식의 서툰 표현과는 달리 나이 든 이발사들에게서는 노련미가 풍긴다. 자질구레한 부대 서비스가 생략되어 2-30분이면 끝난다. 이런 분위기에 맛을 들이면 돈이 있어도 비싼 집은 피하게 되는 것이 술꾼의 습성이다. 하지만 이런 재미도 이곳 종로통이 아니면 누리기 어려운 혜택이다. 자식들에게 감질나게 받은 용돈으로 소일하는 노인들에게는 가히 낙원이 아닐 수 없다. 원근의 노인들이 공짜 전철을 타고 다 이곳으로 모이는 것도 그 때문일 것이다. 수혜자의 한 사람인 나도 이발은 혼자 혜택을 누리지만 싸구려 술집까지 혼자가기는 멋쩍어 늘 아쉽게 지나쳤다. 그렇다고 아무나 그런 집으로 안내할 수가 없어 그럴만한 술친구를 찾고 있던 참이기도 했다.

예의 돼지꼬리를 파는 집은 종묘공원 앞에 있다. 서 있는 자리에서는 지척이라 걸어가자고 하니 얼른 한잔 하고 바로 내려가야 한다며 곁에 선 청년에게 눈짓을 했다. 곧 4000cc급 검은색 세단이 대령했다. 우리는 최고급 승용차를 타고 돼지꼬리를 찾아갔다.

공원은 노인들로 북새통을 이루어 떠들썩하고, 대여섯 평이나 되는 술청 안에도 노인들이 그득했다. 술청으로 들어서며 우선 진열대 위에 늘어놓은 안주부터 살폈다. 홍어무침, 호박전, 북어구이, 닭발볶음…. 좌판 한구석에 놓인 돼지꼬리를 가리키며 호기 있게 외쳤다.

"이거 몇 개하고 소주 좀 주시오."

기름때가 번질거리는 식탁에 마주 앉자 곧 술과 안주가 나왔다. 음식이 되어 나온 돼지 꼬리는 원형보다 더 볼품이 없었다. 안 먹어본 사람은 그 징그러운 물건의 정체가 뭔지 짐작조차 못할 터이지만 라 형은 한눈에 알아보고 반색을 했다. 우리는 우선 술잔을 부딪쳐 목을 축이가 무섭게 안주 하나씩을 집어 들었다. 여기서 포크나 젓가락 같은 문명의 이기를 사용하는 건 돼지 꼬리에 대한 예의가 아니다. 소주 서너 병에 돼지꼬리 서너 개씩 뜯고 나서 우리는 서로 번들거리는 입을 쳐다보며 유쾌하게 웃다가 나왔다.

그새 어둠이 내려 썰렁해진 공원에 아직도 남은 사람들이 적지 않았다. 돼지꼬리 잡고 순대 내놓으랄 만큼 급히 돌아가는 세상에 돼지꼬리만한 대접도 못 받고 밀려나, 할 일 없고 갈 곳 없는 노숙인들이 대부분일 것이다.

경적이 울려 돌아보니 라 형이 차창 밖으로 손을 흔들고 있었다.

강호형 수필집

빈 자리

초판인쇄 | 2016년 4월 11일
초판발행 | 2016년 4월 25일

지은이 | 강 호 형
펴낸이 | 서 정 환
펴낸곳 | 수필과비평사

주 소 | 서울시 종로구 삼일대로 32길 36.
운현신화타워 빌딩 3층 305호
전 화 | 02)3675-5635, 063)275-4000
등 록 | 1984년 8월 17일 종로 라00426호
홈페이지 | http://www.shinapub.com
e-mail | essay321@hanmail.net

값 12,000원

ISBN 979-11-5933-024-7 03810